城市定制公交

发展趋势与对策

路　熙　安　晶　陈徐梅　编著

人民交通出版社

北　京

内 容 提 要

随着市民高品质、多样化出行需求不断增多，以及互联网技术的快速发展，定制公交应运而生。定制公交通过运用大数据分析和平台整合现有运力资源能力，能够将用户需求与出行线路精准匹配，定制个性化线路。同时，定制公交通过提供一人一座、空调、无线网络通信技术（Wi-Fi）等服务，能够大幅提升乘客乘坐的舒适度。尤其是在新冠疫情期间，定制公交具有实名制乘车、线上预约、一人一座、快速直达等特点，在降低乘客交叉感染风险的同时，实现了出行过程前全面线上服务、出行过程中严格控制风险、出行过程后乘客乘车信息追溯，对疫情防控期间的居民通勤出行做出了突出贡献。

本书从国内定制公交发展的背景出发，在借鉴国外类似服务模式发展经验的基础上，分析国内定制公交发展的现状、存在问题和发展趋势。

本书能够为城市政府和交通运输行业主管部门制定城市定制公交发展相关政策提供参考，也可供相关研究机构学习、参考。

图书在版编目（CIP）数据

城市定制公交发展趋势与对策 / 路熙，安晶，陈徐梅编著 . — 北京：人民交通出版社股份有限公司，2024.4

ISBN 978-7-114-19136-7

Ⅰ . ①城… Ⅱ . ①路… ②安… ③陈… Ⅲ . ①城市交通运输—公共运输—交通运输发展—研究 Ⅳ . ① F570.7

中国国家版本馆 CIP 数据核字（2023）第 244350 号

Chengshi Dingzhi Gongjiao Fazhan Qushi yu Duice

书　　名： 城市定制公交发展趋势与对策
著 作 者： 路　熙　安　晶　陈徐梅
责任编辑： 李　佳
责任校对： 赵媛媛　龙　雪
责任印制： 刘高彤
出版发行： 人民交通出版社
地　　址：（100011）北京市朝阳区安定门外外馆斜街3号
网　　址： http://www.ccpcl.com.cn
销售电话：（010）59757973
总 经 销： 人民交通出版社发行部
经　　销： 各地新华书店
印　　刷： 北京印匠彩色印刷有限公司
开　　本： 720 × 960　1/16
印　　张： 11.75
字　　数： 170千
版　　次： 2024年 4 月　第 1 版
印　　次： 2024年 4 月　第 1 次印刷
书　　号： ISBN 978-7-114-19136-7
定　　价： 80.00元

《城市定制公交发展趋势与对策》
编写组

路　熙　安　晶　陈徐梅　尹志芳　刘　锴

王江波　韩君如　吴存钱　吴天真　杨新征

刘好德　李振宇　杜云柯　赵　屾　刘　洋

高　畅　宋伟男　周　康　刘晓菲　王林阳

于　洋　连芝锐　牛浩然　唐婧雯

前 言
PREFACE

2012年，国务院出台《关于城市优先发展公共交通的指导意见》（国发〔2012〕64号），为实施优先发展城市公共交通战略提出指导意见，有力地促进了城市公共交通快速发展，城市公共交通基础设施逐步完善，服务水平全面提升，保障能力显著增强。但同时，城市公交仍然存在候车和乘车时间长、换乘次数多、舒适性不高等问题，难以满足人民群众日益增长的高品质城市公交出行需求。此外，受私家车保有量快速增加，城市轨道交通发展迅速，网约车、互联网租赁自行车等交通运输新业态蓬勃兴起等因素影响，城市公交出行份额出现下降趋势。

为加速城市公交服务转型升级，进一步提升服务水平和能力，部分城市公交企业利用互联网技术优化运营模式，通过互联网、手机移动互联网程序（App）等渠道，动态掌握出行需求，并通过大数据分析，精准匹配运力资源，为乘客提供快速、便捷、舒适的定制化公交出行服务，有力提升了城市公交的吸引力和竞争力，定制公交呈现快速发展趋势。同时，虽然很多城市在定制公交政策法规、规划管理、智能化建设等方面积累了宝贵的经验教训和成功实践案例，但仍有部分城市和地区，在定制公交发展定位、法规政策、线路开通调整智能化技术运用等方面缺乏明确的思路。

本书从国内定制公交发展的背景出发，研究了定制公交发展的基本情况和特点，在讨论国内外定制公交发展现状和发展经验的基础上，提出了定制公交发展趋势和对策建议。此外，本书还介绍了定制公交线路开通流程、定制需求调查技术方法、线路规划和调整技术方法、信息平台建设技术方法等内容。希望能够为城市定制公交行业管理、企业经营管理和相关科研工作等提供参考。

本书作为“交通强国建设交通运输部科学研究院试点任务——可持续城市交通系统研究”成果，在编写过程中得到了行业内很多专家、同事的支持和帮助，特别感谢大连理工大学的刘锴教授、王江波副教授以及连芝锐、牛浩然、唐婧雯编写了第九、十、十一章的内容，杭州市公共交通云科技有限公司吴存钱总经理编写了第十二章的内容，清华大学交通研究所韩君如参与编写了第七章的内容，北京公共交通控股（集团）有限公司第九客运分公司吴天真经理为第八章的编写提供素材。

由于编者水平有限，书中难免存在不足和错误，恳请广大读者批评指正。

编　者

2023年9月

目　录
CONTENTS

第一篇　基本理论与发展现状

第二篇　发展趋势与对策探讨

第一篇

基本理论与发展现状

第一章　概　论

第一节　城市公共交通

根据《城市客运术语　第 1 部分：通用术语》（GB/T 32852.1—2016），城市公共交通是指运用公共汽电车、城市轨道交通、城市客运轮渡等运载工具和有关设施，按照核定的线路、站点、时间、票价运营，为公众提供基本出行服务的城市客运方式。

城市公共交通主要分为三大类：分别是公共汽电车交通、城市轨道交通、城市客运渡轮。与其他交通方式相比，城市公共交通的特征主要体现在功能特征、需求特征、服务特征以及运营管理特征等方面。

一、功能特征

从交通运行功能方面看，与小汽车[1]等其他交通方式相比，城市公共交通具有占道少、运量大、低能耗、低资源占用、社会公平性强等特点。具体体现在：

（1）从道路资源利用情况看，公共汽电车与小汽车相比，道路资源占比优势明显，运送相同数量的乘客，小汽车占用的道路资源是公共汽电车的 23 倍，而城市轨道交通的运输效率比公共汽电车更高。

（2）从能源消耗情况看，公共汽电车每人公里通行比小汽车所需能源消耗优势明显，若采用大运量城市轨道交通作为公共交通工具，节能效果更加明显。

（3）从交通安全水平来看，每亿人公里死亡率：城市轨道交通为 0.035，

[1] 指中华人民共和国国家标准《汽车、挂车及汽车列车的术语和定义　第 1 部分：类型》（GB/T 3730.1—2022）中定义的小型乘用车，生活中俗称小汽车。

公共汽电车为0.07，小汽车为0.7，摩托车为14。如果以城市轨道交通为参照基准，则公共汽电车、小汽车、摩托车的单位亿人公里死亡人数依次为城市轨道交通的2、20、400倍。

（4）从全成本核算角度看，根据相关研究成果，不同交通工具使用者实际支付的费用与其运营过程中所产生的全部成本（包括环境污染成本、拥堵时间成本、资源占用成本等）的比例存在较大差异，私人交通工具使用者的出行成本中有很大一部分是由社会公共资源所承担。因此，优先发展城市公共交通对于促进社会公平性具有重要意义。

二、需求特征

"衣食住行"是人民群众最基本的生活需求，而城市公共交通解决的则是最广大人民群众的基本出行需求，是居民生活的必需品，是城市功能正常运转的基础支撑。城市居民对公共交通服务具有很强的依赖性和使用"惯性"，这就要求公共交通服务必须体现稳定性、可靠性、普惠性及公平性，要能够满足不同收入、不同年龄、不同职业以及残疾人等各群体的多元化的出行需求。城市公交具有基本公共服务属性，属于重要的民生工程，在全国范围内，绝大多数城市执行低票价制度，城市公交在绝大多数城市已经成为保障广大中低收入群体基本出行需求的重要方式。

三、服务特征

城市公共交通服务是一种典型的公共服务，涵盖了多方面的特性：

（1）服务对象的广泛性。城市公共交通是城市客运的主体，线路和各种服务设施遍布城市的各个区域，为各种职业、各个层次的居民提供普遍的客运服务。

（2）服务方式的开放性。城市公共交通的驾驶员和其他服务人员在站台、车厢内，面对面地为乘客服务，整个服务过程公开、透明，乘客参与并影响着服务的全过程，城市公共交通服务的舒适性、安全性、工作人员的服务态度等因素直接影响着乘客自身的感受。

（3）服务作业的分散性。城市公共交通的运营服务主要依靠单车作业，每辆公共汽电车在道路上是各自行驶的，是流动、分散的。不同乘客乘坐不同公交车辆，所遇到的服务人员有可能不同，因此，每次服务质量的优劣都直接影响着乘客对公共交通的评价和感受。

（4）服务的规定性。这是由公共交通的服务方式决定的，公共交通的主要任务是在规定的线路、规定的时间把乘客运送到规定的地点，不会因任何个人意愿随意运行。

（5）乘客品牌消费取向较弱。公共交通乘客选择公交服务主要考虑的是便利、快速等服务质量，对服务提供者的品牌等因素考虑相对较弱。

（6）公用性和公益性。其产品和服务是针对所有城市居民的，并不像普通产品那样有特定的消费群体，而且往往还需承担一些社会公益义务。

（7）投资大、回收期长，市场化程度低。尤其是地铁建设成本巨大。另外，公共交通还具有天然的垄断需求，其市场化和竞争程度较低。

（8）价格通常由政府制定。公共交通服务具有长期性和普遍性，其价格的形成和调整涉及大多数居民的利益，一般采取政府定价或政府指导价。

（9）政府和社会舆论干预。由于公共交通涉及大多数市民利益，并且消费群体的利益诉求不同，政府和社会舆论常常会对公共交通企业进行行政上的管理。

四、运营与管理特征

公共交通服务具有较强的社会公益性，需要政府对城市公共交通行业在价格、准入、服务、安全等方面进行管制。国内外城市公共交通发展实践表明，公共交通线路经营权作为重要的公共资源，必须坚持政府主导的发展方向，不宜作为市场资源进行过度的市场化经营，否则极易影响公共交通基本公共服务功能的发挥。另外，城市公共交通庞大的投资需求与价格管制特性，要求政府必须赋予公共交通企业一定的资金扶持政策，以维护企业的可持续发展能力。公益性低票价政策下，财政补贴资金是城市公共交通企业生存及稳定发展、提升交通出行基本服务供给能力的重要支撑和保障。

第二节 共享出行

一、共享经济的内涵

“共享出行”是在共享经济的发展下产生的，因此，谈共享出行，避不开“共享经济”。“共享经济”这个术语最早是在1978年由美国得克萨斯州立大学社会学教授Marcus Felson和伊利诺伊大学社会学教授Joel Spaeth提出的。共享经济的主要特点是包括一个由第三方创建的、以信息技术为基础的市场平台。个体借助这个平台，交换闲置物品，分享自己的知识、经验。在2000年之前，共享经济主要体现在信息的共享方面。2000年，Zipcar在美国成立，标志着互联网技术背景下实际物品共享时代的开启。共享开始从纯粹的无偿分享、信息分享走向以获得一定报酬为主要目的，基于陌生人且存在物品使用权暂时转移的“共享经济”。2010年前后，Uber、Airbnb等一系列实物共享平台借助移动互联网技术而涌现，影响着人们的生活方式和思维方式，人们不再把“拥有”一件物品看得那么重要。“共享经济”推动着人类社会从工业时代走向互联网时代的巨大变革。

被称为“共享经济”创始人的罗宾蔡斯女士（Zipcar 创始人）提出：“共享经济＝产能过剩＋共享平台＋人人参与”。最初的可利用资产或资源可以理解为相对过剩的产能，事实上，不只是资源或产能的过剩催生了共享经济，应该说更大程度上是资源分配不平衡导致的稀缺性促成了共享经济的发生。互联网技术的发展，尤其是移动互联网时代的到来，使得线上线下互通连接，人与人之间互通连接，通过互联网技术可以将分散的、可利用的资源整合起来，分割资源的使用权与所有权，并且可以将使用权按时间或空间分配给不同的用户，由此萌生了“平台经济”，例如汽车分时租赁 Zipcar 和共享房间 Airbnb 等平台。共享平台将实体物品的片段时间或特定空间的使用权进行转移，进而大大提高了资源利用效率。此外，随着共享经济的进一步发展，“人人参与”更多地体现在共享平台通过用户需求数据可以对供给进行动态改进，也就是说，用户需求与资源供给间存在着反馈机制。共享实体物品的用户同时又可以是共享物品的提供者。因此，共享经济的三大要素可以表述为可利用资源、共享平台和用户参与供给。国家发展改革委等八部委联合发布的《关于促进分享经济发展的指导性意见》（发改高技〔2017〕1245 号，简称《指导性意见》）中指明：分享经济强调所有权与使用权的相对分离，倡导共享利用、集约发展、灵活创新的先进理念；强调供给侧与需求侧的弹性匹配，实现动态及时、精准高效的供需对接；强调消费使用与生产服务的深度融合，形成人人参与、人人享有的发展模式。

二、共享出行的内涵

共享出行是共享经济发展下产生的新型交通业态。这就意味着不包括传统业态下具有“共享”特征的公共交通，比如公共汽电车、地铁等。随着基于位置的服务（Location Based Service，LBS），如全球移动通信系统（Global System for Mobile Communications，GSM）、全球导航卫星系统（Global Navigation Satellite System，GNSS）等信息通信技术与物联网（Internet of Things，IoT）技术的进步和广泛应用，人人互联，万物互联，人们可以在接入网络的前提下获取各种物体、设备或系统的位置、状态等信息，并进行预订或者租用，线上与线下的界限进一步模糊。交通工具等资源与物联网和移动通信技术的融合催生了共享出行新业态。从国内外已出版的文献来看，2000 年以来，与共享出行相关的关键词的多样性逐年扩展，意味着共享出行领域研究的不断扩大和深化。总体来讲，共享出行的本质是强调交通工具的使用权和所有权的分离，以互联网为实现媒介，以提高交通工具、空间资源等利用效率为特征，对闲置交通资源进行整合再利用。

关于“共享出行”这一术语，目前为止尚未有准确的定义，在《中国共享出行发展报告（2019）》中，“共享出行”是指共同使用机动车辆、自行车或其他低速模式的车辆完成出行。在《城市共享出行理论与实践》中对“共享出行”定义进一步深化：以互联网等信息技术为依托构建服务平台，通过服务模式、技术、管理上的创新，整合供需信息，使得用户能够按需在短时间内获得出行服务，使用共享汽车、自行车或其他交通工具完成出行。

从广义上来讲，只要符合共享经济三大要素（可利用的资源、共享平台和用户参与供给）特征的交通出行即为共享出行模式，包括当前中国城市存在的几种交通新业态，共享单车、网络预约出租汽车（简称网约车）、定制公交、定制客运、汽车分时租赁等都属于共享出行的范畴。然而，我国的道路资源具有一定的稀缺性，因此在当前发展阶段下，网约车中除顺风车（私家车合乘）外的模式不能算是真正意义上的“共享”，而近期出现的停车位共享使用则使得有限的空间资源集约高效利用。因此，《城市共享出行理论与实践》对中国当前发展阶段下“共享出行”范围作了进一步限制，只包括互联网租赁自行车、汽车分时租赁、私人小客车合乘、定制公交、定制客运和共享停车位等。城市共享出行新业态与传统城市交通方式的关系如图 1-1 所示。

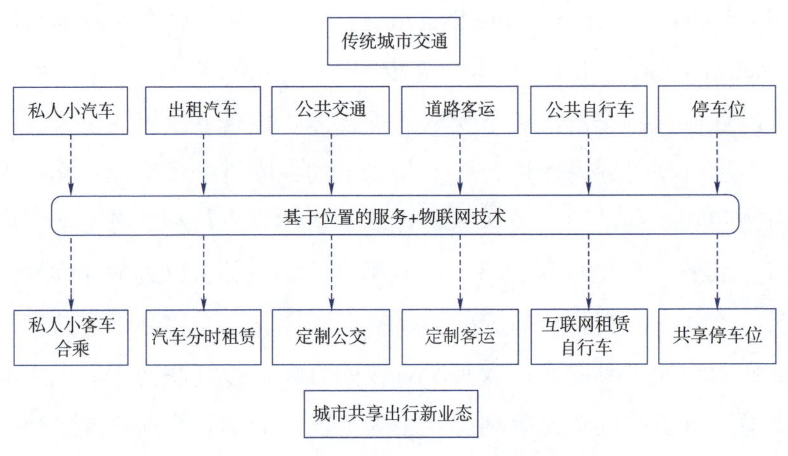

图 1-1　城市共享出行新业态发展图谱

三、共享出行的特征与要素

共享出行作为共享经济的最大板块，充分体现了共享经济的可利用资源、共享平台和用户参与供给的三大要素。“使用而不拥有”交通工具实现交通出行是共享出行的核心特征。共享出行实现的基本过程是：分割使用权和所有权，通过互联网平台智能化整合匹配资源并向公众开放。由此，共享出行的技术特征是互联网技术，并伴随着权属关系变化，大众参与门槛低，出行成本降低，集约高效，倡导“不求拥有，但求所用”的理念等明显特征。

1.互联网技术

离开互联网，现代意义的共享经济特征将不再完整，例如，传统汽车租赁、自行车租赁以及公共交通等都不宜称为共享出行。唯有基于互联网技术，平台企业才能使海量的、分散零碎的供给方与需求方信息在短时间内迅速集聚，并实现供需双方的快速匹配。

2.权属关系变化

从产权的角度来分析，产权一般包括所有权、占有权、支配权、使用权、收益权和处置权。共享出行通过交通工具等交通资源的使用权与所有权的分隔，采用以租代买，使得拥有所有权的一方让渡交通工具或服务的部分使用权，从而实现共享。

3.参与门槛较低

在信息技术的作用下，互联网出行平台为了吸引更多的参与者，将参与门槛设得较低，参与个体能够以快速、便捷、低成本、多样化的方式满足个性化出行需求。

4.出行成本降低

与传统出行方式相比，共享出行方式一定程度上缓解了出行交易的“不自由”。传统的出行服务，无论是公共交通还是出租汽车、公共自行车，都需要人到站点或者街上等特定的地点才能实现交易，具有较强的空间约束性，但是共享出行使用移动互联网技术，将用户的交易决策由街面移动到手机应用软件（App）上，可以提前预约，一定程度上缓解了空间上和时间上的约束，降低了出行的交易成本和时间成本，提高了出行效率，改善了出行体验。

5.集约高效

共享出行平台将海量的、零碎分散的交通资源整合起来，并重新按时间或空间分配给尽可能多的个体使用，发挥交通工具、道路、停车位等资源的最大效用，满足日益增长的多样化需求，与传统行业相比是集约高效的。

四、共享出行的意义

近年来，中国经济发展已经步入新常态，社会转型和可持续发展的需求日益迫切。当前，城市发展中痛点较多，尤其是城市交通拥堵、空气污染等“城市病”，对民众基本出行和生活质量、城市经济运行以及公共健康等造成严重危害，已成为社会关注的重大问题。

互联网技术引领的共享出行给中国城市交通发展带来了难得的、重大的转型发展机遇，无疑是一种创新。共享出行新业态的发展，对于以创新驱动推进供给侧结构性改革、培育新经济增长点、建设交通强国等方面具有重要的现实意义和特殊意义。

1.以创新驱动提升资源配置效率

共享出行新业态是一种技术、制度和组织的组合创新方式，通过互联网技术对交通资源的使用权进行分割，使更多的人参与并享用，相当于在不增加交通资源消耗或占用的前提下增加了交通资源供给；能够大幅降低交易过程中供需双方相互寻找、讨价还价、安全保障等成本，提升资源配置效率。

2.成为交通行业新的经济增长点

近几年，共享出行新业态的发展催生了大量市场估值数亿美元的“独角兽”企业，带动了生产制造、物流配送、运维服务等多个传统产业发展；吸引着越来越多的劳动者根据自己的兴趣、特长、时间和资源以多种方式参与进去，成为交通运输行业新型的、弹性就业的一个重要增长点。

3.推动交通行业向更绿色的方向发展

共享出行新业态发展将互联网、大数据、人工智能与交通运输深度融合，通过对运输资源的高效整合，对于缓解交通拥堵、节约能源、减少污染和温室气体排放具有重要的意义，成为推动交通出行结构优化，推动交通运输业的转型升级，服务交通强国建设的重要组成部分。

4.促进更好地满足公众多样化、多层次需求

随着人们消费理念的转变和对美好生活的追求，共享出行新业态借助互联网、移动支付等新技术将加速向其他生活领域渗透，并成为促进全方位生活消费升级的重要环节，对于提升运输服务供给质量和改善群众出行体验发挥着积极作用。

第三节　定制公交

一、定制公交的产生

我国定制公交起步较晚，早期的服务形式主要是通过大型企业和工厂租赁，为其员工提供通勤服务。但由于服务对象相对固定，乘客规模较小，所以它并没有得到广泛的推广和应用。同时，虽然自20世纪以来，我国进一步确立了城市公共交通优先发展战略，但仍然存在城市公共汽电车行车速度慢、换乘不便捷、等车和乘车耗时长、舒适性不高等问题。

自2015年起，随着互联网技术和大数据的应用，定制公交服务开始呈现新的发展趋势，北京、深圳等地的公共汽电车企业和一些互联网公司开始尝试将互联网技术应用于定制公交服务，利用自身的公交资源，结合大数据和移动互联网技术，为乘客提供定制公交服务。定制公交通过运用互联网大数据手段，能够将用户需求与出行线路精准匹配，整合现有运力资源，定制个性化线路。同时，定制公交通过提供一人一座、空调、无线网络通信技术（Wi-Fi）等服务，能够大幅提升乘客舒适度体验；在新冠疫情期间，由于定制公交具有线上预约、一人一座、快速直达等特点，在降低乘客交叉感染风险的同时，也能方便实现乘客信息追溯，对新冠疫情防控和复工复产期间的城市居民通勤出行作出了积极贡献。

至今，定制公交已经成为中国城市公共交通的重要组成部分，正在逐渐改变人们的出行方式。尤其是在大城市，定制公交已经成为解决通勤、通学问题的有效手段。未来，随着技术的进步和城市化的发展，中国的定制公交服务还将有更大的发展空间。

二、定制公交的概念

关于定制公交的概念，国内定制公交研究者对定制公交的概念有许多不同的看法。徐康明提出，定制公交服务是一种直达、便捷、舒适的高品质公交服务模式，通常具有“定人、定点、定时、定价、定车”的特点。李彬提出，定制公交是为了吸引私家车通勤者或拟采用私家车通勤的乘客而推出的服务，一人一座、一站直达，具有定人、定时、定点、定价的特点，是介于出租汽车和普通公交车之间的一种绿色出行的公共交通模式。刘冬梅提出，定制公交是以吸引私家车通勤者或者拟采用私家车通勤的乘客为目的而设计的一种特殊公共交通方式，它根据乘客的需求来设计定制公交运行线路和站点，其营运目标是为具有相同区域、相同出行时间、相同出行需求的人群——“同路人”量身定做一种公共交通服务。

2020 年，行业标准《城市定制公交服务规范》（JT/T 1355—2020）首次以标准规范的视角提出定制公交的定义，即通过整合出行起讫点、出行时间等相近出行需求，向乘客提供预订线路或车次的一种差异化、集约化、高品质的城市公共交通服务。

首先，定义中提出定制公交是整合出行起讫点、出行时间等相近出行需求的公共交通方式。定制公交的首要特征就是对乘客出行需求的高度整合。它不像常规公交那样严格按照固定的线路和班次，而是根据乘客的实际出行需求，比如起点、终点、出行时间等，进行动态的调整。例如，如果有一群人每天都从同一地点出发，前往同一地点，并且出行时间相近，就可以为他们定制一条公交线路，提供专门的服务。这种方式不仅提高了出行效率，也提高了乘车的舒适度。

此外，定义中明确定制公交是向乘客提供预订线路或车次的一种差异化、集约化、高品质的城市公共交通服务。这部分描述了定制公交的主要服务方式和服务质量要求。首先，乘客可以根据自己的需求，预订特定的线路或车次，这使得公交服务更具有个性化和灵活性。其次，由于线路和班次是根据乘客的实际需求进行设计的，所以能够更有效地利用公共交通资源，实现服务的集约化。最后，定制公交通常提供高品质的服务，比如提供舒适的座椅、充足的空间，甚至提供 Wi-Fi 等服务，使乘客在出行过程中有更好的体验。

总的来说，定制公交的主要目标就是根据乘客的实际需求，提供更个性化、更高效、更高品质的公共交通服务。通过动态调整线路和班次，定制公交能够更好地满足乘客的出行需求，提高公共交通的使用效率，从而帮助缓解城市交通拥堵问题，提高城市的可持续发展能力。

本章参考文献

[1] 交通运输部道路运输司 . 城市公共交通管理概论 [M] . 北京 : 人民交通出版社 , 2011.

[2] 中华环境保护基金会绿色出行专项基金 , 北方工业大学 , 国家信息中心分享经济研究中心 . 中国共享出行发展报告 (2019) [M] . 北京 : 社会科学文献出版社 , 2019.

[3] 尹志芳 . 城市共享出行理论与实践 [M] . 北京 : 人民交通出版社股份有限公司 , 2020.

[4] 徐康明 , 等 . 定制公交服务初探 [J] . 城市交通 , 2013,11(5):4.

[5] 李彬 . 定制公交与定制公交客车的研究 [D] . 西安 : 长安大学 , 2013.

[6] 刘冬梅 . 西安市定制公交运行方案研究 [D] . 西安 : 长安大学 , 2014.

第二章　定制公交的基本情况和特点

第一节　城市定制公交的服务要素

城市定制公交是一种绿色、便捷、舒适、高品质服务的公共交通服务新模式，由运营主体（一般为公交运营企业）利用公交车辆，以较高的服务质量满足乘客出行需求。定制公交服务作为一种在“互联网 +”和大数据技术快速发展的背景下发展起来的公共交通服务模式，在运营上带有公共汽电车的经营特点，在服务上带有私人定制的特点，在技术上应用了“互联网 +”和大数据分析技术，是一种直达、便捷、舒适的高品质公交服务模式，通常具有“定人、定点、定时、定价、定车”的特点，其服务过程一般为，运营企业通过网络平台调查收集个人出行需求和联络信息，从而确定定制公交服务的乘客单元、线路发车时间、线路走向、车站的位置。城市定制公交应包含的服务要素如图 2-1 所示。

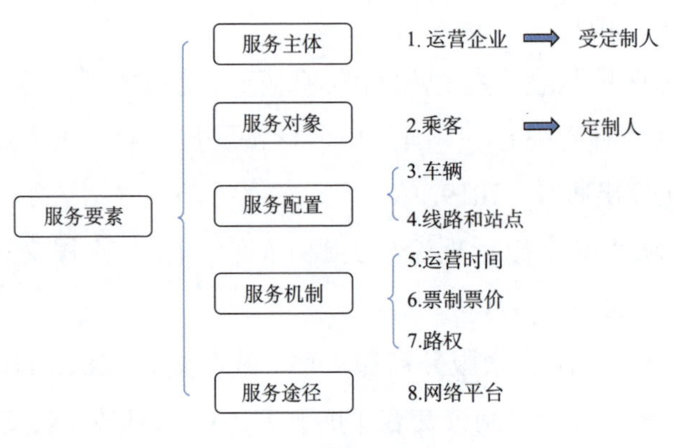

图 2-1　城市定制公交服务要素

一、运营企业

运营企业是城市定制公交服务的提供者，一般应为取得经营所在地城市公共汽电车线路经营权的企业。

二、乘客

定制公交的乘客主要为具有相同出行起讫点区域、相似出行时间、相同服务水平要求的人群。定制公交的乘客一般需要在需求调查阶段提出明确出行需求，方便运营者按照服务期对线路走向进行规划和调整，并在预订阶段选择具体服务方案。

三、车辆

城市定制公交服务一般根据乘客规模和票价水平综合确定车辆类型，车型是影响定制公交开行方案的重要因素之一。由于采用一人一座的运营方式，车内布置与常规公交不同，一般设置较多座位，同时还根据需要设置其他智能化、人性化设施，如电源插口、Wi-Fi、放置电脑的小桌板等。其他车辆设计要求应符合《公共汽车类型划分及等级评定》（JT/T 888）要求。

四、线路和站点

定制公交线路的站点设置较为灵活，需要按照乘客预先提供的出行需求定制，为了缩短乘客的步行时间，实现“门到门”运输，定制公交车站一般设置在尽可能接近大多数乘客的出行起讫点位置。车站位置既可以利用现有的常规公交站点，也可以根据乘客出行讫点需求增设独立的定制公交站点。目前，定制公交的线路形式包括定时定线模式和需求响应模式。其中，定时定线模式是指整合乘客出行起讫点和出行时间等相近出行需求，设定相对固定的运行线路和站点发车时刻表，乘客在指定停靠站点上下车的服务模式，一般具有线路相对固定、点对点直达、一人一座的特点。需求响应模式是指在一定服务区域内，不设定固定运行线路和时刻表，根据服务区域内的乘客预订需求，灵活制订运营方案，乘客在指定停靠站点上下车的服务模式，一般具有区域运营、按需响应、动态调整的特点。

五、运营时间

定制公交在每个车站的发车时间是在定制服务时预先确定的，通常根据到达目的地的期望时间和沿途交通状况推算发车时间。目前多数定制公交线路在早高峰运行，由于定制公交根据乘客实际需求设计线路，为了保证线路中所有乘客到达目的地的时间不会晚点，定制公交在线路起点站准时发车，若乘客超过发车时间未上车，车辆不会等待。不同线路的发车时间由车上乘客需求调查信息中的出发时间、线路试运营时在途预计行驶时间等决定。

六、票制票价

为维持客户群的稳定性，定制公交通常采取月票、周票或固定乘车日期等票制。乘客在签订服务合同时一般需预付合约期的费用。

七、路权

为了保证定制公交较快的运行速度和较高的准点性，定制公交在多数城市通常可以在公交专用道行驶。此外，当交叉路口有公交专用信号等公交优先措施时，定制公交可与常规公交一样享有优先通行的权利。

八、网络平台

定制平台是运营企业获取乘客对定制公交线路、出行时间、乘车站点等出行需求信息的平台，也是乘客表达使用定制公交意愿、详细了解定制方案等的平台。运营企业初步分析乘客出行需求，通过信息化平台，获取大量乘客详细出行需求，规划定制公交详细运营方案后接受预订。为有需求的乘客提供便捷的查询、定制、付费、订单修改等服务。定制公交除了需要建立功能齐全的定制平台，还要充分利用电话、短信、微信等平台，便于不同类型的乘客（如消费习惯不同、不方便使用网络等）预约定制公交出行服务。定制公交运营管理网络平台应满足以下基本要求：

1.实时性

定制公交网络平台上的乘客招募和新路线招募信息应当具备一定的实时性，因此应当强化宣传，新线路的开通信息需要被广大乘客了解。平台应该及时在首页提示用户新开通线路的招募信息和已经开通的线路的各种信息，以便乘客选择适合自己出行需求的定制线路和班次。

2.易用性

定制公交网络平台应当界面简洁明了，方便用户操作。已开通线路和待开通线路信息一目了然，方便用户选择适合自己的线路。

3.隐私和安全性

定制公交网络平台由于具有在线支付功能，因此平台用户的个人信息必须得到保障。可以对数据做备份处理，在平台发生异常时及时恢复数据；可以对内部数据进行加密，防止工作人员非法获取平台用户的个人资料；还可以与银行、支付平台等进行关联，让用户使用熟悉的支付方式，保障用户的支付安全。

4.大数据分析能力

为快速精准设计高质量的定制公交线路，运营企业应搭建线上平台采集出行需求，用户通过手机 App 等渠道提出个性化的出行需求。在数据获取方面，结合移动通信及互联网技术的发展趋势，线上平台也从使用单一数据源，逐步转向综合利用公交IC卡（Integrated Circuit Card，集成电路卡）、手机导航数据等多源数据。基于大数据挖掘、人工智能算法、物联网等技术手段完成对出行需求的整合、线路的规划、运营车辆的调配以及服务信息发布等环节。在线路的实际运营中，公交企业接收乘客反馈的建议，不断对现有线路进行调整、优化，逐步提升服务质量，使定制公交的运营模式形成完整的闭环。

第二节 定制公交的属性

一、公共性

定制公交是一种新型的公共交通服务模式，包含公共性的自然属性。定制公交作为一种在“互联网+”和大数据技术快速发展的背景下发展出来的绿色、便捷、舒适、高品质服务的公共交通服务新模式，由运营主体（一般为公交运营企业）利用公交车辆，以较高的服务质量满足乘客出行需求，在运营上带有公共汽电车的经营特点。但总体而言，相对于出租汽车、网约车、合乘出行等出行方式，定制公交集约化程度更高，降低了城市通勤交通压力，节约了道路空间资源，缓解了城市交通拥堵，减少了交通环境污染，公共属性显著。

此外，定制公交服务则要坚持公益属性。在城市边缘地区及人口密度较小地区发展定制公交服务是根据“政府可承受、企业可持续、乘客可负担”的原则，替代传统公交为民众提供基本出行服务的活动，而为严重失能的高龄老年人、重度残疾人提供日常就医等必要出行的定制公交服务，目的是保障该群体的基本出行权利，也属于基本公交服务范畴。因此发展定制公交服务时应坚持其公益属性，采取政府定价模式，加大政策保障力度。

二、市场化

商务通勤、学生通学、企业定制、旅游定制等定制公交服务相对于常规公交，具备多样化、个性化、高品质的特点。同时，定制公交与出租汽车、网约车、定制客运等市场化经营的客运方式存在一定程度的市场竞争关系，因此定制公交还应坚持其市场化属性，采取市场化定价模式，保障城市客运市场的公平环境。

三、定制公交与多元化常规公交服务的区别

目前，国内出现了多种多样化公交服务模式，如旅游公交、社区公交、接驳公交等，而相同类型的服务模式分别存在常规公交和定制公交不同的服务方式，它们之间的关联关系见表 2-1。

常见多样化公交服务中常规公交和定制公交的关联关系　　表 2-1

服务模式名称	特点	属性
旅游公交	为了满足景区内部旅客交通出行需求，在景区内部开设的定线定站运行的线路	常规公交
	通过旅客或景区定制，利用公共汽电车在交通枢纽和景区间往返进行旅客集散，定线定站运行的线路	定制公交
社区公交	在住宅区、中央商务区（CBD 区）或某一特定区域内，定线定站循环运行的线路	常规公交（微循环公交）
	在住宅区、CBD 区或某一特定区域内，定站但不定线，按照乘客需求设计开行路径的线路	定制公交（巡游定制公交）
接驳公交	由公交运营企业观察乘客需求新开通的线路，不需预约，刷卡乘车的线路	常规公交
	通过乘客提出开行需求，并实行先购票后乘车的线路	定制公交

第三节 城市定制公交的优势

一、运营服务灵活便捷高效

定制公交通过整合相似目的地的出行需求，可实现点对点、点对线的旅客运输服务，在部分城市定制公交还可以使用公交专用道，因此定制公交在速度上比常规公交优势明显。此外，定制公交运营过程中一般只设置少量停靠点，这样也从另一方面保证了节约乘客时间、确保运营速度高于普通公交车。

二、线路开通调整较为灵活

传统公交线路需要公交车严格按照核定的线路、站点、时间运营，因此城市公共交通管理部门在开通调整线路时，通常根据城市公共交通规划，在充分调查的基础上，开辟或者调整城市公共汽电车线路，并对沿途站点位置有较高的要求。而定制公交则可以通过近期动态的出行需求，较为高效地开辟或调整线路，且停靠的站点较少，通常是从居住地到目的地（工作单位或学校）的一站直达式班车。

三、扩大公交营运范围

随着城市化进程的加快，城市规模不断扩大，城市空间不断扩大，如北京、深圳等大城市的职住分离情况明显，有限的公交线网不能覆盖城市空间的全部区域，虽然大城市的公交站点覆盖率较高，但是仍然存在许多通勤盲区。定制公交作为辅助公交的一种，可以弥补公共交通运力和服务空间上的不足，通过细化通勤乘客的出行需求，提供个性化、定制性的运输服务，满足多样化的乘客出行需求。发展定制公交有助于完善城市通勤交通系统结构，提升城市公共交通的服务水平。

四、满足多层次的出行需要

随着经济不断发展带来的生活节奏加快，乘客对出行时间、出行服务品质、乘车舒适度、满意度等方面的要求不断提高，传统的交通方式已难以满足所有乘客的出行需求。而定制公交具有“高效、便捷、准时、安全、舒适”的特点，能够满足乘客的出行期待，发展定制公交可以满足乘客多样化、个性化、高品质的出行需求，实现多层次的公共交通服务。

五、经济性高

选择定制公交出行的乘客，他们在工作日的出行特点一般比较规律，对这些乘客来说，采用定制公交服务的费用远远低于开私家车和乘坐出租汽车的成本，同时还能够享受私家车和出租汽车的“门到门”的服务体验，对于节省经济支出有很强的实际效果。另外，定制公交的开通条件受基础设施建设限制较小，不需要像地铁和快速公交那样的大量资金投入，节省了大量建设资金。运营定制公交的公司在线路开通阶段也可以借调其他线路的公交车或班车运行，在条件成熟之后再采购专门用于定制公交服务的车辆，这也节省了初期的资金投入。

第四节 发展定制公交的意义

一、提升公共交通吸引力，缓解道路拥堵

日益严峻的交通拥堵问题，削弱了私家车自身的速度和灵活性优势。客流高峰期间，现有公共交通满载率高、车内拥挤，运输效率和服务水平大大降低，降低了乘客乘坐公共交通的意愿。而定制公交能够为乘客提供一人一座、一站直达的服务，进一步提升了公共交通的吸引力度，使得从私家车出行群体向公共交通出行转移的交通量增多。定制公交具有其他公共交通方式集约化的特点，是除常规公交以外的另一种高效利用道路资源的出行方式。定制公交的发展，能够吸引更多私家车出行者转向定制公交出行，减少城市机动车的使用率，减少汽车尾气排放，缓解交通环境污染，减少路边停车占用的城市有限的道路空间资源，降低城市通勤交通压力，缓解城市交通拥堵，推动乘客绿色出行和城市交通的可持续发展。新冠疫情期间，定制、预约、共享出行模式深受欢迎，许多城市推出定制公交、需求响应式公交服务，促进了定制化、预约式等多元化公交快速发展，推动了以需求为导向的城市交通供给模式发展，进一步提高了城市交通韧性。

二、降低个人和社会出行成本

定制公交为出行计划相对固定、对出行舒适性和时效性要求较高的人

群提供服务，具有准确的市场定位。对乘客而言，能够以远低于出租汽车和私家车的出行成本享受近似“门到门”的交通服务，且由于定制公交站点较少，因此定制公交相比常规公交更节省时间。对运营商而言，一方面能够确保车辆具有稳定的高上座率，另一方面由于服务时间和线路预先已经确定，可以提前制定经济可行的运营计划，提高车辆和工作人员的使用效率；从社会角度考虑，定制公交是一种优化客运交通服务的手段，能提高客运交通的运转效率。

三、填补常规公交和轨道交通的服务盲区

发展定制公交的初衷是弥补常规公交服务的不足和盲区，通过差异化的定价政策，为对舒适性要求较高的通勤人群提供较高品质的共享式交通出行服务。在一些轨道客流比较密集的地区，开行公交大站快车，可以缓解客流压力。同时，在轨道交通无法覆盖的地方，开行微循环公交，解决市民出行“最后一公里”问题。

根据高德地图《中国城市交通分析报告》分析，在早晚出行高峰中，分别有 58.6% 和 58.4% 的人为通勤乘客。以成都为例，在通勤乘客中，10.2% 的乘客需要换乘 2 次。定制公交可以分担常规公交流量，缓解早晚高峰公交拥挤状况，并通过设置和优化停靠站，减少周转时间，实现通勤乘客的快速通勤需求。根据高德出行大数据对大城市的统计，居住地距最近地铁站 1km 以上的通勤乘客中，近 50% 的通勤乘客没有直达的地铁接驳线路，而定制公交线路可以为这些乘客提供便捷的接驳服务。

本章参考文献

[1] 张清辉 . 厦门公交 : 探索个性化服务的微循环网约小巴模式 [J] . 人民公交 , 2019(10) :4.

第三章　国内定制公交发展现状

第一节　政策制度情况

一、法规制度

国家层面。2016年6月，交通运输部印发的《城市公共交通“十三五”发展纲要》提出实行公共交通优先，完善多元化公交服务网络，鼓励定制公交等特色服务，更好地满足民众多样化的出行需求。2017年3月，交通运输部出台的《城市公共汽车和电车客运管理规定》（交通运输部令2017年第5号）提出：“城市公共交通主管部门应当根据社会公众出行便利、城市公共汽电车线网优化等需要，组织运营企业提供社区公交、定制公交、夜间公交等多样化服务。”2019年5月，交通运输部会同相关部门印发《交通运输部等十二部门和单位关于印发绿色出行行动计划（2019—2022年）的通知》（交运发〔2019〕70号）提出：“鼓励运输企业积极拓展定制公交、夜间公交、社区公交等多样化公交服务”。2023年10月，交通运输部会同相关部门印发《交通运输部等九部门关于推进城市公共交通健康可持续发展的若干意见》（交运发〔2023〕144号），提出“支持城市公共汽电车企业充分利用运力资源，开通通勤、通学、就医等定制公交线路。优化定制公交管理流程，提高办理效率。”

省级层面。部分省份在公共交通发展规划、城市公共交通优先发展等相关政策中提出了鼓励发展定制公交的总体性要求。如河南省人民政府于2014年发布的《关于城市优先发展公共交通的实施意见》中提出：“发展汽车租赁、定制式公交、包车客运等交通服务方式。”广东省2017年发布的《广东省城市公共交通发展规划（2016—2020年）》提出："到2020年基本建成以中、高速公共交通为骨干，以基本公共交通为基础，以定制公共交通为补充的区域公共交通体系。"

城市层面。部分城市出台了关于鼓励开展定制公交服务的政策文件。2016年，广州出台《关于鼓励开展定制（预约）巴士服务试点工作的意见》，在城市定制公交服务车辆、开行线路流程、安全管理等方面提出了具体的要求，并明确定制公交不享受市级财政补贴。贵阳印发《贵阳市人民政府办公厅关于贵阳市开展定制巴士服务的意见》（筑府办发〔2016〕27号），从网络服务平台、突出需求重点、建立市场竞争机制、加强宣传引导、健全服务监管体系、完善市场定价机制、强化安全监管等七个方面提出了工作任务，推动定制公交健康发展。深圳于2016年印发《深圳市综合交通"十三五"规划》，提出"鼓励和规范互联网定制班车、社区微巴等多元市场服务产品的发展，满足商务、通勤、旅游的个性化公交出行需求。"2019年，雄安新区印发《关于推进交通工作的指导意见》，提出"以乘客出行便捷为导向，大力发展定制化公交和响应式公交，提供更便捷、舒适、体面的个性化公交服务。"

二、标准规范

2020年，交通运输部颁布《城市定制公交服务规范》（JT/T 1355—2020），首次从标准规范的视角提出定制公交是城市公共交通服务的一部分，从运行线路、运营车辆等方面对城市定制公交服务规范提出了总体性要求。

根据该标准的相关规定，现行的定制公交线路主要分为以下三种类型：一是通勤定制公交线路，主要为依据早、晚高峰时段的乘客出行需求，设置的一站直达或大站停靠快速到达等多种服务形式，满足高峰时段乘客通勤需求。二是交通客流集散地定制公交线路，包括以交通客流集散地（火车站、高铁站、飞机场等）为起讫点，一站直达或大站停靠快速摆渡等多种服务形式，满足乘客交通客流集散地换乘需求。三是商务定制公交线路，串联市区主要旅游景点、商业区、宾馆、医院、学校、交通换乘枢纽等设计的线路，满足商务、旅游等需求。

第二节　运营管理情况

一、服务模式

（1）根据途中停站数量情况不同，可以分为一站直达模式和中途停站模式。

一站直达模式，是指起点区域出行需求集中，且出行目的地相同，定制公交只在起讫点停车上下客，中途不停站的服务模式。通常服务于大型居住区和办公集中区之间的通勤出行。

中途停站模式，是指起讫点出行需求不足，为提升运营效率，需在中途站点上下客的服务模式。通常用于满足起讫点间沿途相对集中的出行需求。

（2）根据运行线路和时间是否固定，可分为定时定线模式和需求响应模式。

定时定线模式，是指整合乘客出行起讫点和出行时间等相近出行需求，设定相对固定的运行线路和站点发车时刻表，乘客在指定停靠站点上下车的服务模式，一般具有线路相对固定、点对点直达，一人一座的特点。

需求响应模式，是指在一定服务区域内，不设定固定运行线路和时刻表，根据服务区域内的乘客预订需求，灵活制订运营方案，乘客在指定停靠站点上下车的服务模式，一般具有区域运营、按需响应、动态调整的特点。由于该模式技术实现难度较大，目前各地仍处于探索阶段。

二、经营主体

各中心城市定制公交的运营主体主要为城市公交运营企业。一是公交运营企业在用地配置、车辆配备、信息化建设、安全防范和人才保障方面具有先天优势。二是近年来各大城市轨道交通线路陆续开通，普遍影响了原有公共汽电车线路的客流，公交企业在优化线网后普遍存在一定的富余运力。三是公交企业平峰期运力充足，开展定制公交服务可以提高车辆使用效率，创造收益反哺常规公交的政策性亏损。因此，公交运营企业开通定制公交线路的积极性较高。

滴滴等互联网平台企业在定制公交发展早期曾采取“轻资产”模式，依托平台撮合客运企业和乘客两端方式，在深圳等城市运营。但互联网平台企业无法享受城市公交企业在车辆购置、用地开发、人员保障方面的优惠政策支持，相比于公交企业运营成本劣势较大，收入无法覆盖成本，缺乏盈利空间。同时，互联网平台企业自身不具备运输资源，供给能力不稳定，如深圳市曾在春运期间发生平台运营的定制公交线路频繁违约的事件。此外，互联网平台企业作为运营主体开展定制公交服务缺乏相关政策依据。因此，自2018年以来，互联网平台企业逐渐退出定制公交市场，仅在部分城市作为技术支持单位参与定制公交运营。

三、运营车辆

根据客流需求，定制公交车辆通常采用14~49座客车，多为运营企业拥有的公交车。车辆大部分采用不设站立席的高等级新能源空调客车，且部分运营里程较长线路使用的定制公交车辆会配备手机充电插口、小桌板等设施设备（图3-1）。

四、线路管理

一是审批管理。海口、南宁、兰州等少部分城市明确公交企业在线路开通或线路调整前，应向城市公共交通管理部门提出申请，明确线路开通调整时间、运营时段、车辆配置标准和数量、运营服务协议等信息，经主管部门同意后开通运营。二是备案管理。北京、杭州、青岛、武汉、深圳、重庆、成都、西安、西宁、合肥、呼和浩特、南宁等多数城市交通运输管理部门允许运营企业根据实际需求及时开通或调整线路，相关信息报政府主管部门备案，供管理部门和社会公众查询监督。对备案信息的具体内容，各地没有统一的要求。三是大连、济南、郑州、贵阳、昆明、石家庄、太原等城市目前对定制公交线路开通未明确提出管理要求，运营企业自主按需求开通或调整线路。

图 3-1　定制公交车辆外观与内饰

五、定价管理

目前全国绝大多数城市的定制公交线路票价采用市场调节价。影响定价标准的因素依次为线路长度、客流需求、车型，此外各地还普遍统筹考虑社会承受能力、企业运营成本、鼓励公交出行等因素。乌鲁木齐定制公交服务主要采用政府指导价。大多数城市开展定制公交服务的车辆购置和人员成本由政府和公交企业承担，因此定制公交票价相对其他市场化运营的客运方式较低，平均在 0.4~1 元 /km 之间。

六、补贴管理

在车辆购置补贴方面，由于多数城市定制公交由城市公交运营企业统一运营，运营车辆由企业统一采购，因此各地定制公交运营车辆普遍享受车辆购置补贴。

在运营补贴方面，各地认识有较大区别。大部分城市认为，由于定制公交按照市场化方式运营，因此不应同常规公交一样，享受新能源公交车运营补贴、公交运营综合补贴、政府购买服务等各级政府的资金补贴政策支持。但杭州、南宁等城市认为，定制公交服务的定位是盘活现有的车辆资源和补充常规公交，在保障常规公交服务水平不降低的情况下采取错时运营，没有新增额外公交车辆和驾驶人员；北京市则认为，定制公交服务在缓解交通拥堵、鼓励集约化出行和绿色出行方面的经济和社会价值明显，本质仍属于公共交通，因此以上城市都未采取差别化补贴政策。

第四章 国外典型城市定制公交发展经验

在国外主要城市发展中，类似定制公交服务模式的出行形式被称为需求响应型交通（Demand Response Transit，DRT），其主要特征是基于预约机制，不再是定点、定线、定时开通。国外需求响应型交通服务最早于20世纪70年代出现在美国、新加坡以及欧洲各国，主要在集中需求量较低且一般公交难以进入的郊区，提供与市区之间的通勤服务，随后逐步扩展至城市甚至大都市区域。需求响应型交通覆盖范围广，发展时间长，已经形成了多种类、个性化的需求响应型交通服务体系。虽然定制公交在国外起步较早，但是受限于国外人口和地理条件，定制公交的发展环境并不优于国内。

国外的需求响应型交通系统与公共交通系统不是竞争关系，需求响应型交通系统多为弥补公共运输路网的不足，且在路线规划上以连接其他公共运输车辆为主，或是在非高峰时段才提供服务。欧美需求响应型交通服务的发展契机基本来自20世纪末对残疾人和老年人等行动不便的特殊群体的逐渐重视以及国家立法，体现了社会公平。

国外需求响应型交通服务的一些成功示范表明，需求响应型交通服务并非单从财务方面衡量，应从社会福利政策方面考虑，同时持续监管也关系着运输服务的高品质发展。

第一节 美国

美国的需求响应型公交主要分为两类，一类是根据《美国残疾人法案》（Americans with Disabilities Act, ADA）要求开通的辅助公交，主要是为残疾人服务，残障人士得到政府批准后可以提前一天进行预约，第二天就会有公交公司的车辆来提供服务。另一类是在一些城市为特殊人群、郊区居民服务的非定线、柔性公共交通系统。除此之外，还有通过电话预约的公共交通系统，多数机场、酒店、旅游景点已能够实现服务的覆盖。此类系统没有固定的运行线路，根据乘客的出行请求而在特定的站点停靠供乘客乘降。

自 1990 年美国颁布的《美国残疾人法案》生效以来，美国运输部下属的公共交通局要求各地实施法案规定的诸如需求响应型公交等辅助公交服务，1997 年法案各项规定得到了全面实施。在这段时间内，美国的需求响应公交服务得到了快速发展。

纽约市的公共汽车大部分由国营的大都会公共交通公司统一经营，在纽约市一些比较偏僻的地区，尤其是大都会公共交通公司的公共交通车辆不运行的地方，比如农村，大部分以辅助公交模式提供公共交通服务。

另外，还有为残疾人等特殊人群提供的需求响应服务。服务主要由纽约市公共交通局承包给私营公司并签订营运合同，进行许可经营，由私营公司提供公交服务，同时给予一定的补贴。服务于残疾人等特殊群体的定制公交模式，体现了公共交通资源使用的公平性，其较低的价格和良好的服务越来越得到残疾人等特殊群体的欢迎，客流量不断增长。

除了面向残疾人等特殊人群，还有面向普通大众的定制公交服务模式。在纽约，此类客运服务主要沿半固定的线路、按不同的时刻表为地铁车站和曼哈顿地区提供接驳集散服务，还有为居住在郊区、农村地区的人群提供定制公交服务，以及为 5 个行政区域保健组织的医疗补助和医疗保险成员提供可靠的辅助运输服务。据估计，纽约共有 3000~5000 辆车辆（每辆车 14~20 个座位）在运营此类服务。

纽约市辅助公交不以营利为目的，实行资金补贴制度，尽可能为乘客提供高品质的公交服务。对服务于残疾人等特殊群体的辅助公交服务的票价有强制统一票价规定，并且陪护人员的票价是免费的，此类服务由政府补贴支持。为确保此类服务的顺利发展，《美国残疾人法案》在安全、服务质量和出行费用等方面提出细致规定。服务于普通大众的需求响应型公交票价相对较高，但其费用比起私家车和出租汽车的出行费用还是比较低的，如为地铁车站和曼哈顿地区提供集散服务的需求响应型公交服务，票价高于地铁和常规公交，但使用交通卡可享受打折优惠。需求响应型公交初期投资较低，加上政府补贴支持，私营公司也可以获得预期投资回报。

在行业监管方面，纽约政府在辅助公交发展过程中主要扮演扶持和监督的角色。每年纽约大都会运输署都会组织对辅助公交服务进行评价，评价主要通过数据统计和问卷调查的方式进行，统计的数据主要有准点率、平均故障间隔里程、里程完成率等；问卷调查就是通过问卷的方式让乘客对相关指标进行评价，这些指标包括服务态度、安全性、车票性价比、等车时间等。统计数据和问卷调查的综合评价结果直接影响政府对辅助公交的补贴和运营公司的盈利水平。

第二节 欧盟

1998 年，意大利小镇坎比森齐奥成为欧洲第一个全面覆盖辅助公交的小镇，且随着经验的推广，一些边远地区的工业小镇如佛罗伦萨的斯坎迪齐的一些传统的公交线路也被辅助公交替代。

2000 年前后欧盟开展了跨国项目——SAMPO。该项目旨在探寻如何将远程信息系统与交通紧密结合，利用 GPS、GIS、GSM 和智能卡等技术助力乡村等低需求、欠发达地区居民交通的可达性发展，同时加强行动不便人群的移动性。项目在芬兰、比利时、爱尔兰等五个国家均有实践。在技术表现和服务水平上，SAMPO 项目表现成熟，错误率极低，乘客基本只需 0.5~2min 就能完成交通工具的预订，得到了用户的积极反馈，许多国家因此开拓了市场并将服务延续至今。相似的项目还有在意大利与芬兰实行的 INVETE 项目，包含常规公交、共享出租等多个模式，成功推动了当地多种辅助公交模式的混合发展。

然而，这些项目在实施中也暴露了一些问题，其中最为主要的就是辅助公交系统在城市交通体系和法律地位上的独立性。在老龄化严重的欧洲大陆，主要针对老年人等出行不便群体的辅助公交与传统公交之间直接构成了纯粹的竞争和替代关系。

为应对这一问题，欧洲公交系统近年来出现了一个整体趋势的转变——从关注特殊人群的可达性到关注所有人的可达性（Accessibility for All），即建立面向所有人群的高可达性公交体系。而辅助公交的无障碍等特点则逐渐成为全国公交系统的普遍要求。

例如，1994—2010 年，瑞典实施了 Kolla 项目，将所有传统固线公交车都装备低底盘，便于行动不便人群上车，对于固定线路不可达的一些低需求情况（比如农村或者夜间），要求有灵活可达的公交服务来填补空白，使得 98% 的市民都能使用公交服务。如今，瑞典常规的公交设施以及响应服务已经能够基本满足各类人群（包括残疾人等特殊群体）的需求。

此外，在爱尔兰 Bealach，由于该地是丘陵湖泊地形，由 1 个市中心、20 个郊区和 4 个离岸岛屿组成。人口分布比较稀疏，对出行的需求也比较分散，一直以来该城市的公交运营效率比较低，民众一直不满意公交的服务水平。为提高公交的出行效率并满足民众出行需求，运输部门把该城市偏远地区划分为 34 个区域，对需求响应型公交服务进行补贴，以加强这些地区的公交服务，同时通过派遣中心整合协调民众的出行需求，提供弹性的预约派遣服务。

Bealach 于 2003 年 2 月开始实行需求响应型公交服务，具体由私人客运企业进行运营，主要服务对象为老年人、残疾人、青少年和无私家车人群。提供需求响应型公交服务的主要目的是扩大公共交通服务范围，为交通弱势群体提供更完善的运输服务。运输企业根据区域内人口分布和出行需求，提供每周 1~2 次的运输服务。运输部门通过与私营公司签订合同的方式详细规定了运营企业的责任，规定运营企业必须为残疾人士提供无障碍设施，以方便乘客上下车。

在线路规划方面，Bealach 运输部门规定各区域都设有派遣中心，根据人口社会经济的特性分布。对于人口密度较低的区域，出行需求比较分散，为顾及私营公司运营服务的收支平衡，每周仅提供 1 次运输服务；对于人口密度较高的区域，民众的出行需求比较集中，每周提供 2 次运输服务。在营运线路的安排上，只能在规范区域内巡回载客，不得跨区营运；而在路线的设计上，为增加路线的易达性，提供“门到门”的服务，在主要城市设有站牌以聚集民众的出行需求。另外，在一些面积比较大的区域，特别是对于需坐长途车的乘客，私营公司提供到达长途站点的服务，在部分车站或站牌设有时刻表，以方便乘客查询长途客运信息。除了 Bealach 市区，在其他偏远低需求地区，对残疾人士专门提供迷你公交车以方便乘客出行，对于其他一般民众，则提供 14 座的公交车辆。

在票价机制方面，为了照顾交通弱势群体，特别是老人、残疾人等，Bealach 运输部门制定了一套简单、有弹性的票价机制。对残疾人和 65 岁以上的老年人发放免费通行证，免票乘坐；陪伴老人和残疾人的乘客也享有一定的票价优惠；对 16 周岁以下的青少年，则有半价优惠。需求响应型公交服务一年约为 2232 班次，多以购物需求（占总班次的 60%）和医疗需求服务（占总班次的 24%）为主，其运营服务获得当地民众的好评。

第三节　新加坡

2018 年，新加坡上线需求响应型公交试运营项目（On-Demand Public Bus，ODPB），试运营时间为 2018 年 12 月至 2019 年 6 月。新加坡需求响应型公交项目定位为，非高峰时段在客流量较少的地区提供按需、动态路线的公交服务。乘客可以通过 App，在规定的运营区域内任何公交车站请求接送服务。需求响应公交能够为乘客提供更好、更个性化的公共交通服务，并有可能缩短等待时间。

需求响应型公交的运营主体由新加坡陆路交通管理局通过项目招标确定。需求响应型公交试运营项目确定了 7 条公交服务线路，使用单层和双层的公交车，线路包括 Joo Koon（3 条）、海滨到市中心（2 条）以及中央商务区到 Bedok & Tampines 夜间公交车（2 条）。运行时间根据不同线路分别为 11:00—15:00、20:30—23:45、23:30—次日 2:00 等时间段。图 4-1 为 Joon Koon 线路用沃尔沃 B9TL Wright 公交车。

图 4-1　Joo Koon 线路用沃尔沃 B9TL Wright 公交车

票价方面，Joo Koon 线路、码头到市中心线路在需求响应公交项目试运营期间采用固定票价，成人刷卡每人次 0.83 新加坡元、现金 1.5 新加坡元，老人和残疾人刷卡 0.55 新加坡元、现金 1 新加坡元，学生刷卡 0.38 新加坡元、现金 0.65 新加坡元。中央商务区到 Bedok & Tampines 夜间公交车的票价，无论乘客的旅行距离如何，均为每人次刷卡 4.5 新加坡元、现金 4.5 新加坡元。

用户使用方面，希望预订需求响应型公交服务的用户需要通过应用程序提交需求，包括上车站、下车站、乘客人数、是否有乘客需要坐轮椅等信息。预订成功后，车辆照片、公交车服务号和乘车码将通过应用程序转发给用户，用户需凭乘车码乘车。

| 第二篇 |

发展趋势与对策探讨

第五章　总体思路

第一节　发展定位

定制公交服务在国内城市出现以来，各地也都在积极探索其发展定位和发展路径。从各个城市的经验来看，定制公交服务采用完全市场化的运营方式，会造成运营线路的大幅减少，即关停所有无法营利的线路，仅保留部分路程远、票价高的线路以保证正常的经营状态。定制公交发展应当首先明确公益属性定位，并坚持市场化的经营方式，在提升公交服务吸引力的同时，探索能够逐步降低运营补贴比例、提升可持续发展能力的服务和管理模式。

一、明确公益性属性定位

定制公交服务作为一种在“互联网 +”和大数据技术快速发展的背景下发展出来的公共交通服务模式，在运营上带有公共汽电车的特点，在服务上带有个性化定制的特点。但总体而言，相对于出租汽车、网约车、合乘出行等出行方式，定制公交集约化程度更高，降低了城市通勤交通压力，节约了道路空间资源，缓解了城市交通拥堵和交通环境污染，符合国家大力提倡的“公交优先”战略。由于城市定制公交单位里程出行的票价介于常规公交和出租汽车（网约车）之间，城市居民出行需求也存在一定的随机性，可能会造成定制公交的票款收入难以覆盖全部运营成本，造成运营企业亏损。鉴于定制公交服务具备的“公交”属性以及承担的社会责任，应该进一步明确其公益属性定位。根据城市实际发展需要，不断扩大定制公交服务的服务规模，让更多出行者能够享受到品质更高、响应更及时、过程更舒适的公交出行服务，并根据实际情况对定制公交运营产生的亏损予以相应补贴。

二、坚持市场化经营方式

与常规公交提供基本出行服务有所区别，定制公交提供的是带有一定个性化的、高品质的出行服务。同时，由于定制公交在多数城市属于探索公交服务运营减亏、服务升级发展方向的创新型模式，因此在实际运营过程中需要以“市场需求”作为线路开行、调整和撤销的主要决定因素，并以不断改善经营状况为目标，坚持市场化的经营方式。因此，发展定制公交应当在不影响运营服务质量和服务运营安全的前提下，给予定制公交一定的自主经营权，以运营成效为导向，减少过程管控，鼓励定制公交在运营、管理、服务等各个环节中进行开源节流、降本增效的探索和尝试。

此外，目前一些定制公交线路由于忽视乘客体验，运作机制相对僵化，运营效果并不理想。考虑到这些情况，行业主管部门一方面可以鼓励运营企业充分利用已有资源进行整合，避免线路重复和车辆浪费，另一方面应积极创造良好的市场竞争环境，规范市场行为，为定制公交市场的良性竞争提供广阔平台。此外，还需要政府加强对定制公交的宣传，通过积极开展系列活动提高居民对定制公交的认知度。

综上，发展定制公交，在实现经济性的同时也要兼顾公益性。除了执行市场定价机制外，还可以通过多种市场化方式开源节流，例如由于定制公交在运行时经过城市不同的功能区，串联了地铁站、中心服务商业街以及停车区等客流吸引点，因此可考虑与沿线商家和一些机构联合，通过购买定制公交服务、企业赞助等模式，补贴乘客票价。定制公交的公益性还可以体现在对定制公交的扩大应用上，除了传统通勤、旅游用途的定制公交，还应该为城市的交通弱势群体推出定制公交线路，包括残疾人预约出行线路、老年人就医线路、中小学及幼儿园通学线路等，更好地为城市提供公益性出行服务。

第二节 发展路径

一、定制公交的发展目标

基于定制公交发展的形势要求，考虑城市交通发展的阶段特征和需求，定制公交发展的总体目标是适应经济社会发展和公众出行需要，实现精准可靠、丰富多样、舒适便捷的定制公交服务形式，满足广大群众高品质、个性化出行需求。具体发展目标包括：

1.不断完善配套法规政策

定制公交行业的准入机制、运营企业资质、票制票价政策、补贴制度等方面的政策基本健全，形成以行政法规为龙头，国家政策为基础，地方立法为支撑，包含规划、建设、运营、管理、安全和扶持政策的完整配套法规政策体系。

2.持续提升服务水平

通过与互联网、大数据、云计算等新一代技术的深度融合，实现出行需求和供给服务能力快速匹配，乘客出行体验安全舒适、便捷可靠，服务质量基本具备与网约车、顺风车竞争的能力，群众多元化和个性化出行需求得到充分满足。

3.持续增强行业发展可持续性

与常规公交充分协同融合，在城市外围地区、人口低密度地区发挥主导作用，实现城市公交资源利用效率与城市交通承载力的科学匹配，城市公交的公益属性和经济属性不断平衡。需求响应模式定制公交充分发展，通勤定制公交、交通客流集散地定制公交等服务成为公众个性化出行的主流选择。

二、定制公交的发展原则

1.坚持以人为本、便民惠民

以满足人民群众美好出行需求为目标，坚持定制公交的公共交通公益属性，不断推动服务模式创新，切实为广大人民群众提供高品质、多样化、多层次的定制公交服务，努力提高人民群众获得感、幸福感、安全感。

2.坚持统筹兼顾、公平发展

充分平衡社会公益性和市场竞争的公平和效率，兼顾政府、企业和乘客三方的利益。定制公交发展应符合城市交通发展的宏观政策，积极响应政府顶层制度，在政府可承担范围内保障财政支持力度；要保障各类型的主体能够参与定制公交的建设和运营，并确保定制公交与其他在运营方式、运营范围、运营车辆配置等方面高度一致，发挥相同社会属性的客运模式，具备相同的市场竞争环境。在满足大众基本出行服务的基础上，通过定制公交的发展政策，吸引更多的人选择集约化出行，实现社会效益的最大化。

3.坚持协同融合、一体发展

以推动城市交通方式间融合、城乡均衡发展为主攻方向，充分发挥定制公交的比较优势和组合效率，加强定制公交与常规公交的融合发展，全面提升服务质量效率。

4.坚持深化改革、优化环境

深化定制公交关键环节改革，着力解决体制性障碍、结构性矛盾、政策性制约。坚持市场在配置资源中的决定性作用，激发市场活力，释放企业潜能，更好发挥政府作用，转变政府职能，完善公共服务体系，推动行业治理体系和治理能力现代化。

5.坚持科技引领、创新驱动

抢抓新一轮科技革命和产业变革重大战略机遇，推动大数据、云计算、人工智能、区块链等技术在定制公交行业的深度应用，推动服务模式和管理方式全面创新，增强发展新动能，不断提升定制公交服务供给能力与水平。

三、定制公交发展的重点任务

1.持续完善的法律法规和政策体系

目前，国内城市定制公交发展大多仍处于探索阶段，服务模式和运营服务模式差异因城市而异，要在定制公交的定位、内涵和边界方面达成一致，就需要从行业顶层设计的角度进行明确，从而规范各城市定制公交的发展和运营管理。一方面，应根据行业发展实际，积极完善行业顶层设计及法律法规建设，明确并规范定制公交的属性和特征。同时，出台鼓励多元化公共交通服务模式发展的政策文件，明确定制公交服务作为城市公共交通服务的一种多元化服务模式，在引导市民选择集约化、绿色出行方式方面的重要作用。此外，应逐步将定制公交经营的准入机制、运营企业资质、票制票价政策、补贴制度、监督管理机制等内容纳入城市公共汽电车的管理体制机制当中。

2.完善定制公交标准规范体系

定制公交服务作为城市公共交通的一种创新服务模式，需要在政策的基础上，构建标准体系，用于规范定制公交的运营管理过程。应当推动制定定制公交线路开通调整的推荐性标准，重点围绕在定制公交和常规公交协同规划体系下，定制公交的线路开通和调整的相关要求，更好地整合城市居民出行需求，提高定制公交运营服务效率。同时，应当制定定制公交服务运营效果评估标准，为行业主管部门或运营企业分析定制公交服务运营状况、制定定制公交规划、强化定制公交管理提供参考。

3.构建定制公交发展技术导引

明确定制公交服务建设技术路线，提出开通定制公交服务的条件、应遵循的流程，以及定制公交服务管理平台的基本架构，规范优化线路规划和日常运营工作，为城市交通主管部门和定制公交运营企业提供参考，增强定制公交乘客出行体验。提升数据驱动能力，推动定制公交行业与互联网、大数据、云计算等新一代技术的深度融合，实现出行需求和供给服务能力快速匹配。

4.加强定制公交服务的宣传推广

合理开展宣传和推广活动可以使社会公众对定制公交服务的认识更加全面和深入。结合新媒体的发展，可以利用微博、微信公众号或在常规媒体适当投放广告等多种方式，在各类媒体平台推广定制公交的概念，营造定制公交发展的良好舆论和社会环境。此外，根据城市特点和客流需求，可以推出多种票制和折扣优惠活动，吸引乘客选择定制公交出行，也可以通过承诺服务期享受优惠票价的方式保持客流。

5.探索发展辅助定制公交服务

积极借鉴国外发展经验，加快发展为严重失能的高龄老年人、重度残疾人提供日常就医等必要出行支持的辅助定制公交服务，填补我国辅助定制公交业务空白。同时，加大政策保障力度，明确辅助定制公交服务的公益性定位，建立健全相关扶持机制，通过车辆购置补贴、运营补贴、政府购买服务等方式支持运营企业开展辅助定制公交服务。

6.鼓励多主体参与行业发展

应当积极鼓励多主体参与定制公交行业发展。鼓励国企外的其他所有制企业在满足运营安全、服务质量要求的前提下成为定制公交的运营主体，充分开展市场化公平竞争。同时，明确互联网平台参与定制公交运营的前置条件，对从事定制公交经营的互联网平台开展线上服务能力资格认定，鼓励其与具有多元化公共交通经营资格的企业开展合作，保证具有合法运营条件的公交车辆和从业人员从事定制公交经营。此外，应当促进传统公交运营企业强化合作。推动传统业态向“+互联网”转型升级，积极寻找新老业态产业链条各环节的对接点，发挥各自优势，通过建立合作机制形成新的增长点，提升各地定制公交发展的层次和规模，实现从粗放低效向精细高效转变，从封闭自循环到开放大融合转变，从单打独斗到共建共享转变。

7.提升行业服务质量

服务水平是定制公交发展的基础，因此应当积极提升数据驱动能力，对标网约车、顺风车等行业，推动定制公交行业与互联网、大数据、云计算等新一代技术的深度融合，实现出行需求和供给服务能力的快速匹配，提升定制公交出行体验。同时，应当持续改善换乘环境。优化定制公交的站点设计，实现定制公交与共享单车、微公交等多种交通方式的高效、便捷的换乘衔接。在人口密度较低的区域，设立智慧聚集点，提高定制公交运营效率和经济效益。

第六章　管理模式

第一节　定制公交服务模式的分类

服务模式一般是指提供类似或相近服务的一系列服务方式的总称，一方面可以体现消费者体验到的服务方式，另一方面也可以包含服务供应商提供服务的方式。从国内城市开通定制公交的现状来看，各城市对定制公交服务的分类方式各异，有按照业务期限区分的，长期业务、临时业务；有按照乘客需求类型区分的，通勤公交、通学专线、景区专线；有按照开行时间区分的，高峰期通勤线路、节假日专线等。行业标准《城市定制公交服务规范》（JT/T 1355—2020）中，将定制公交线路分为通勤定制公交线路、交通客流集散地定制公交线路、商务定制公交线路和其他类型定制公交线路。此外，从政府管理角度，分类方式包括定时定线模式或需求响应模式，这两种模式的具体定义已在第二章和第三章详细介绍，在此不再赘述。

第二节　定制公交服务模式适用场景

一、通勤通学定制公交

适用于组团型或带状形态的城市，以及职住分离程度相对较高，市民的“居住区”和“商务区”具有较明显的点对点特征的城市。这些城市早晚高峰出行潮汐现象明显，通勤或通学的出行需求特点相近，同时由于道路拥堵或停车管理等原因造成私家车出行不便。

从国内城市发展现状来看，此种定制公交服务如果能满足以下条件，是最有可能实现盈利的一种服务模式。一是线路长度长，如在城市远郊地区与城市中心区之间往返，长度超过 30km 的线路。二是客流量相对稳定，线路起点为住宅聚集区，终点为市区内 CBD 核心区或城市交通枢纽，通勤需求旺盛。三是居民收入相对较高，在经济相对较发达城市，乘客对于高于常规公交的票价接受度较高。四是没有其他更好的替代出行方式，如未开通地铁线路，或受停车位、高速公路通行费用及燃油费用的影响，私人交通出行成本太高的区域。

二、客流集散定制公交

适用于大型综合客运枢纽，如大城市以上类型城市的高铁站、火车站、飞机场等。尤其是夜间轨道交通和常规公交停止运营后，或客流集中到站造成其他交通出行方式的出行体验降低，甚至无法提供足够的出行服务时。

由于服务知名度和宣传力度等因素影响，客流集散定制公交的服务模式在高铁站、飞机场等交通枢纽的利用优先级并不高，通常只有部分熟悉定制公交服务，或其他交通出行方式不便的乘客才会选择，客流量随机性很大且通常不高。此外，受其“由近及远依次送达”的服务模式影响，目的地在线路末端的乘客在途时间会很长，影响乘客体验的同时，也造成了服务竞争力的下降。因此，客流集散定制公交服务模式一般仅作为一种补充出行方式，难以形成规模化，营利相对较难。

三、巡游定制公交

适用于在某一特定区域内，如城市 CBD 区或住宅集中区范围内，提供“最后一公里”接驳出行服务。

巡游定制公交作为一种最新出现的服务模式，目前还未形成较为稳定的客流基础。另外，由于其定站不定线的运行模式，车辆调度的压力相对较大，在运行区域面积大或需求不集中的线路可能会造成预约响应能力下降，影响服务模式竞争力。巡游定制公交一般应对的是在特定区域内的“门对门”出行，出行距离会相对较近，大多小于 5km。在此出行距离内，巡游定制公交的票价要与共享单车的价格形成有力竞争的难度也相对较大。从未来发展趋势来看，如果能够根据预约情况灵活选择车辆，并不断优化路线设计算法，在早晚高峰时段形成稳定的客流基础，则有一定的盈利空间。

第三节 服务管理

一、服务流程管理思路

1. 需求调查

定制公交经营者应积极通过人工调查、线上调查和 IC 卡数据分析等多样化方式调查乘客出行起讫地、出行时间等信息。

2. 线路设置

定制公交经营者应根据乘客需求调查情况，综合常规公交和其他城市交通出行方式发展情况等拟定线路开行方案。

3. 线路招募

定制公交经营者或网络平台应通过 App、网页、公众号等服务界面公布拟开行的定制公交线路起讫地、发车时间、停靠站点、票价、开通线路的最少预定人数要求等线路信息。应依法依规制定服务协议，公平合理确定经营各方和乘客的权利义务，服务协议应在网络平台公布。

乘客根据线路招募信息提出预定需求，定制公交经营者在预定人数满足开通条件后开通线路。定制公交经营者应及时向乘客推送最终线路信息，包括：定制公交班线起讫地、乘车时间及地点、驾驶员联系方式、车辆号牌及颜色、车辆类型等级等，并提示乘客禁止携带违禁物品。

鼓励定制公交经营者、网络平台为常乘客提供客票优惠，丰富“车票＋门票”“车票＋酒店”等服务产品。网络平台可通过设置客服岗位、开通专线服务电话等方式，为旅客提供“客服在线代下单”“专线电话叫车”等服务，为老年人等群体购票提供便利。网络平台根据乘客购票信息生成订单及电子客票，经营者应根据乘客需要提供发票，鼓励依托网络平台提供电子发票服务。

4. 线路备案

定制公交经营者应当在线路开通或调整前，将线路开通时间、运营时段、车辆配置、运营服务协议等信息提交城市交通运输主管部门审批或备案。鼓励依托既有行业政务服务平台实行线上备案。

5. 运输组织

定制公交经营者应根据乘客乘车信息开展车辆和驾驶员调度，要确保驾驶员遵守驾驶时间和休息时间等规定，避免疲劳驾驶。应当按照国家、省和城市相关服务规范和标准组织运营，保持运营车辆和服务场所清洁，符合相关卫生标准。在发车前对车辆进行安全检视，确保车辆设施设备完好、正常运行；在停靠地点出发时，注意观察车辆周边环境，确保车辆运行安全和上下乘客安全。在因道路施工，突发意外情况等造成线路改变或无法正常提供服务时，应及时通知乘客。

6. 服务评价

定制公交经营者、网络平台应建立健全投诉处理机制，通过网络平台服务界面、监督电话等方式受理乘客投诉建议，按照投诉处理流程限时办理并反馈。要加强乘客服务评价情况动态分析，持续优化服务流程，提升服务水平。应定期评估定制公交线路的服务安全、服务水平、运营成本和可持续发展能力，持续优化公交服务供给和票价水平。

7. 线路撤销

当线路不再具备开行条件时，定制公交经营者应基于服务协议暂停或取消运行线路，并提前发布公告。

二、安全管理思路

1.车辆安全管理

定制公交经营者应当遵守城市公共汽电车车辆安全管理制度，定期对运营车辆及附属设备进行检测、维护、更新，保证其处于良好状态，不得将存在安全隐患的车辆投入运营。应当在城市公共汽电车车辆和场站醒目位置设置安全警示标志、安全疏散示意图等，并为车辆配备灭火器、安全锤等安全应急设备，保证安全应急设备处于良好状态。应当在城市公共汽电车主要站点的醒目位置公布禁止携带的违禁物品目录。网络平台发现车辆存在超速、驾驶员疲劳驾驶、未按照规定的线路行驶等违法违规行为的，及时通报定制公交经营者，提醒驾驶员安全行驶。鼓励网络平台与定制公交经营者动态监控平台实现互联互通，提升信息推送时效。

2.信息风险防范

网络平台应按照国家网络和信息安全有关规定，加强网络和信息安全管理，按有关规定落实网络安全等级保护制度并向公安机关备案；采取必要措施防病毒、防攻击、防泄密，制定网络系统故障等突发情况的应急预案；采取合法、正当的方式采集数据信息，妥善保存采集的乘客个人信息和生成的业务数据；在公开信息中，对乘客个人信息采取加密、去标识化等安全技术措施，保障乘客个人信息安全。

第七章　运营策略

第一节　定制公交成本结构

公交运营成本是公交企业在提供公交服务、完成旅客运输时所消耗的总费用支出。公交企业选择不同定制公交的发展模式，制定定制公交具体的线路运行方案，都需要严格评估支出成本，因此本章重点介绍各类定制公交运营模式的成本结构，以及基于成本的线路规划方法。

根据划分方式的不同，公交运营成本有多种不同的分类方法。根据运营成本的产生是否与运营里程有关，将公交运营成本分为两个部分：固定投入成本和运行可变成本。

一、固定投入成本

固定投入成本是指与公交车辆提供公交服务时实际行驶里程无关的公交运营成本，表现为在短期内不随客运量变化或变化幅度较小，包括驾驶员工资、车辆购置或折旧费用以及车辆保险等费用。这部分费用不受车辆行驶里程的影响，而是和公交企业拥有的公交运营车队规模，以及提供公交服务的运营时长有关。如果在公交运营时间段内，运营里程增加，此时固定投入成本不变，单位运营里程分摊的固定投入成本减少。固定投入成本和运营总里程的关系如图 7-1 所示，单位固定投入成本和单位运营里程的关系如图 7-2 所示。

1. 人工成本

公交运营过程中，提供服务的人工成本主要是因雇用驾驶员和乘务员而产生的，该部分人工成本在公交运营中占据了不小的比例。以青岛市为例，2015年的青岛市公交集团公开信息显示，该部分人工成本在企业生产成本中占45%。此外，公交场站中的工作人员、维修组人员等和公交运营直接相关的企业职工的工资也算入固定投入成本中的人工成本。

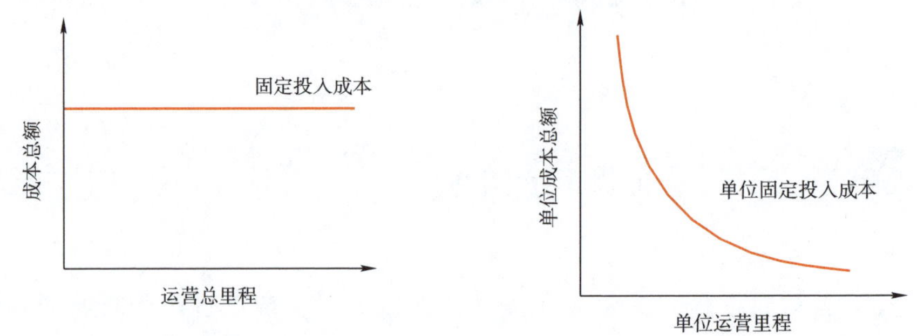

图7-1　固定投入成本和运营总里程的关系图　　图7-2　单位固定投入成本和单位运营里程的关系图

人工成本的大小直接取决于公交企业投入在公交运营中的职工数量和公交运营时长。

2.车辆成本

车辆成本主要包括车辆折旧费用、车辆保险和维修费用。

公交企业为提供公交服务，购置公交车辆的费用叫作公交企业的车辆购置费用。而公交车辆在车辆服务时限内，将车辆购置费用逐年分摊，这一部分的费用就是公交车辆的折旧费用。

车辆保险和维修费用是指公交企业按国家有关规定缴纳的保险费用，包括企业运营办理的第三者责任、机动车交通事故责任强制保险、承运人责任险和车损商业保险等费用，以及为公交企业运营车辆发生维护修理等费用支出。

3.车辆和车队规模

公交企业提供公交服务所建设的公交车队规模以及公交车类型也是影响固定投入成本的要素。

公交企业为提高公交服务质量开设新的公交线路时，此时运营规模有所扩大，服务覆盖率有所提高，需要增聘职工、购置车辆，表现为成本和收益同时增加，企业运营效益不明确；若公交企业选择优化现有运营模式，此时运营规模大致不变，但服务覆盖率仍较优化前有所提高，表现为成本不变，但收益增加，企业运营效益提高。

在公交运输行业中，公交车在节能减排政策导向中一直走在前列。随着近些年新能源汽车的推广，公交车从最初的传统燃油公交车，逐步发展出压缩天然气（Compressed Natural Gas，CNG）、液化天然气（Liquefied Natural Gas，LNG）、纯电动、油电混动、气电混动、氢能源等多种能源驱动的汽车产品类型，丰富了公交企业的选择。除了因使用燃料的不同而有不同的车辆类型外，根据车身长度或车内最大乘坐人数还可以划分成大型、中型和小型公交车。

二、运行可变成本

运行可变成本是指与公交车辆提供公交服务时实际行驶里程有关的公交运营成本，主要是公交车辆在运行中产生的行驶能源费用，这部分费用一般与车辆使用的燃料以及车队行驶总里程有关。

相对固定成本而言，运行可变成本具有三个不同的特点。首先，运行可变成本与运营工作量有直接的因果关系，因此，不产生运营工作量就不会产生运行可变成本。其次，运行可变成本会随着运营工作量的变化而同步增减。最后，单位运行可变成本不会随单位运营工作量的增加或减少而大幅度地变动。在本章中，运营工作量表示为运营总里程。运行可变成本总额和运营总里程的关系如图 7-3 所示，单位运行可变成本与单位运营里程之间的关系如图 7-4 所示。

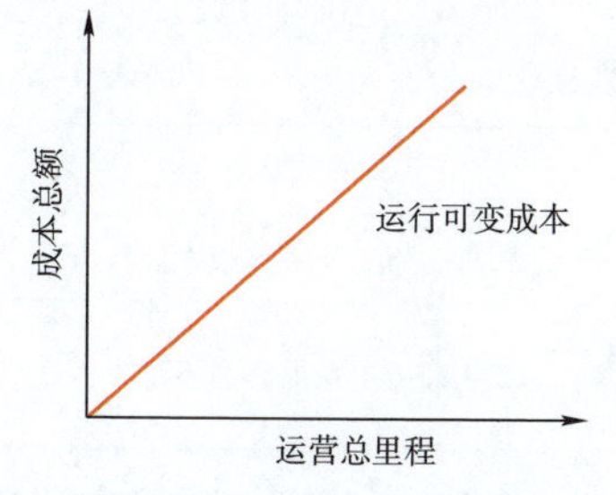

图 7-3　运行可变成本和运营总里程的关系

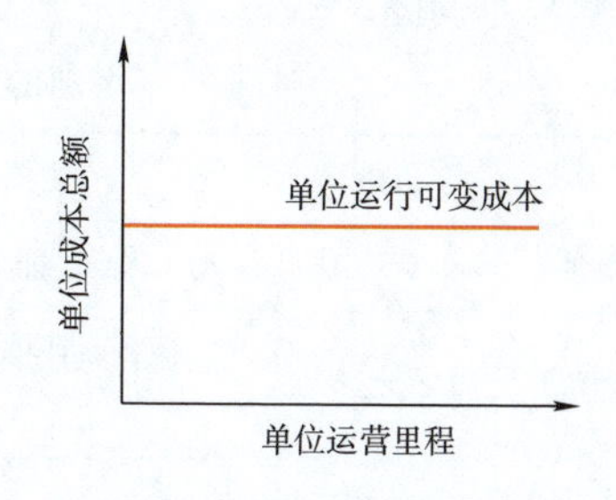

图 7-4　单位运行可变成本和单位运营里程的关系

1.车队行驶总里程

公交企业提供公交服务的所有公交线路中，参与公交运营的公交车辆在线路上行驶产生的里程总和就是车队行驶总里程。单辆公交车的行驶里程受服务的公交线路的里程以及公交服务的运营时长影响，如图 7-5 所示，当公交线路固定时，公交车的行驶里程相对稳定；如图 7-6 所示，当公交线路灵活时，公交车的行驶里程也随之灵活变化。

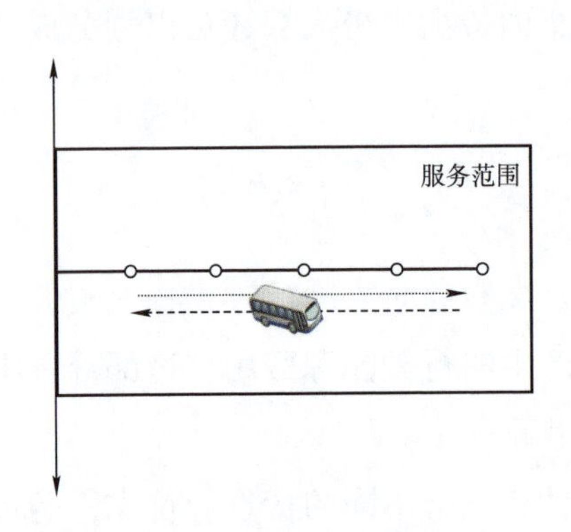

图 7-5　固定公交线路中的车辆行驶

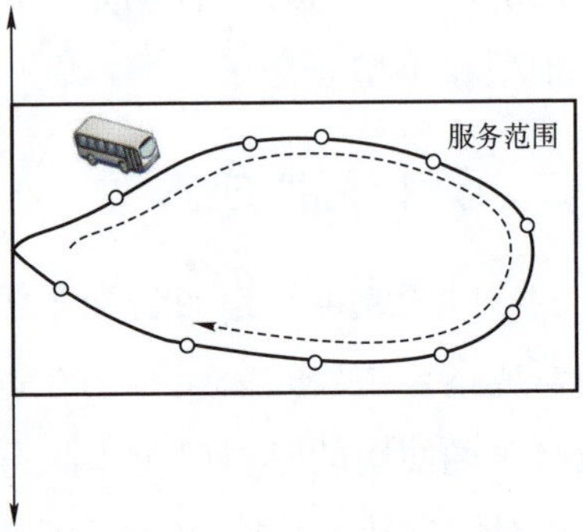

图 7-6　灵活公交线路中的车辆行驶

2.燃料费用

依赖于越来越多可以充当燃料的能源的出现，当前公交车辆种类丰富；同时，车辆使用的燃料种类决定了随运营里程增长的燃料费用的多少。而且燃料种类对车辆的行驶速度和加速度没有明显的影响，因此，不同燃料类型的公交车对公交车的运行没有或影响很小。各种主要燃料的价格及主要优缺点对比见表 7-1。

燃料的价格及主要优缺点　　表 7-1

燃料种类	价格	主要优点	主要缺点
成品油	7~9 元 /L	动力强劲，能量补充方便	污染空气，噪声比较大，价格高
天然气	2~5 元 /m^3	能量补充速度快，尾气排放减少	动力较差，续航能力不足
电	0.17~0.2 元 /（kW·h）	有利于节能减排，电价低廉	车辆购置成本高，充电速度慢，能量补充困难，续航能力不足

第二节 定制公交与常规公交组合运营模式

常规公交和定制公交是集约型公共交通的重要存在形式，承担了城市地面公共交通大部分的运输任务。随着乡村振兴政策、城乡融合发展需要的出现，公共交通的覆盖率亟须提升。在响应国家优先发展公共交通政策的发展过程中，常规公交以其覆盖范围广、投资成本少、布设要求低的优势被地方政府支持率先发展。但城市郊区、周边城镇等区域人口密度远低于城市中心区域，而且分布更为分散，增设常规公交线路以达到公共交通建设目的不仅不够经济，而且可达性较低。因此，定制公交很好地弥补了常规公交灵活度低的缺陷，是地面公共交通的有力补充。

一、常规公交运营模式

常规公交运营模式是传统公交系统应用最为广泛的运营模式，是在城市道路上按固定站点、固定路线以及固定班次时刻开行的一种运营模式。常规公交在停靠点和开行线路上是固定的，有着严格的班次时刻表，虽然随着公交优化研究的兴起，一些线路采用大站快车、改设弹性的班次时刻表等方式提高运营效率，但总体来说常规公交还是相对固定不变的公交运营模式。

如图 7-7 所示，在常规公交模式下，公交车辆沿着固定的路线不断往返行驶运送乘客，所有的乘客只能在公交车站上下车，乘客从出发点步行或通过其他方式到最近的公交车站上车，乘车到离目的地最近的公交车站下车，从公交车站步行或通过其他方式到达目的地。常规公交在节假日等特殊时期可能会调整线路或发车班次时间。

二、定制公交运营模式

与常规公交不同，定制公交不受固定停靠点和线路的约束，定制公交的停靠点和线路相对自由，班次时刻表也根据乘客需求进行排设，可以完全自由地确定线路和停靠点。定制公交的优势就在于自身的灵活性，可以根据乘客的需求制定线路，安排停靠点。根据出发和到达停靠点数量的不同，定制公交可以分为单—单、单—多、多—单、多—多四种。

图 7-7 常规公交运营模式示意图

单—单定制公交：定制公交从一个起点出发，到达同一个终点。乘客必须从出发点前往同一个起点上车，到达同一个终点后下车再前往目的地。相同的起点和终点既可以是固定的公交车站，也可以是乘客们协调达成一致的位置，如图 7-8 所示。单—单定制公交适合提供两个客流量大且位置集中的集散点间的公交服务，简单高效，减少车辆行驶中的停车次数，但对两点之间的客流量有较高的要求。

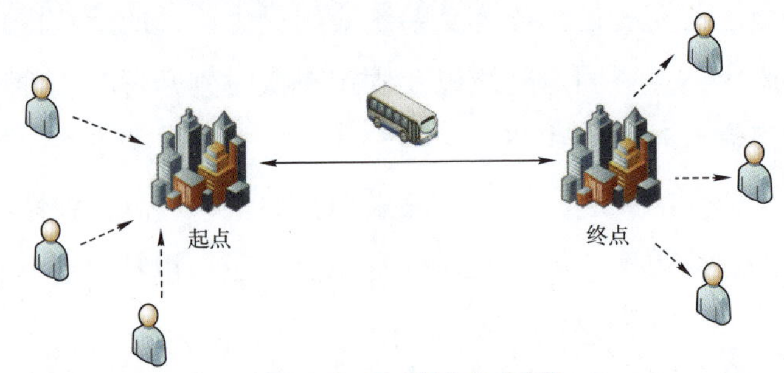

图 7-8 单—单定制公交示意图

单—多定制公交：定制公交从一个起点出发，根据乘客的需求或乘客达成一致沿途在多个位置停靠，尽可能地减少乘客的步行距离，方便乘客出行。相比单—单定制公交，单—多定制公交具有更好的灵活性，能根据乘客的需求，选择多个停靠的位置，扩大了路线终点的覆盖范围，有利于更好地吸引乘客，如图 7-9 所示。但增加停靠位置的个数也意味着在运营速度上做出让步，选择提高运营效益。

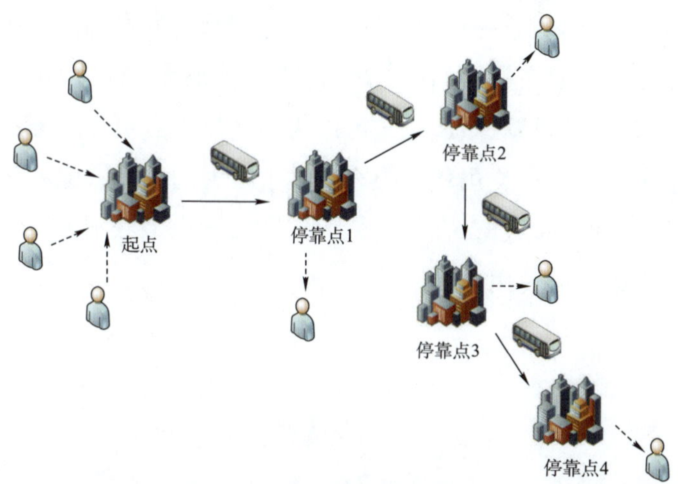

图 7-9 单—多定制公交示意图

多—单定制公交：定制公交从多个停靠点接乘客上车，在同一终点将乘客放下。乘客根据自己的需求选择合适的位置上车，在同一终点下车，然后自行前往目的地，如图 7-10 所示。多—单定制公交和单—多定制公交类似，都是为了方便乘客出行、扩大了路线的覆盖范围、更好地吸引乘客。不同的是，单—多定制公交一般用于从人流量大的场所出发，例如机场或火车站，将乘客送回集中的居住区域；而多—单定制公交一般用于从集中的居住区域将乘客送到人流量大的场所。

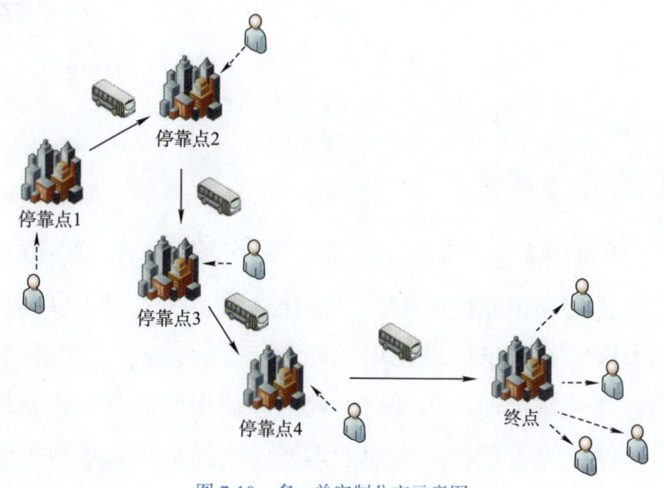

图 7-10 多—单定制公交示意图

多—多定制公交：定制公交根据乘客的需求或乘客协商达成一致，在多个停靠点接乘客上车，然后在多个停靠点放下乘客，如图 7-11 所示。多—多定制公交将多个区域联系起来，可以为乘客提供点对点服务，让乘客无须步行。多—多定制公交虽然为乘客提供了极大的便利，但精确的服务意味着公交行驶的时间增加，在客流量大的区域操作十分不方便，只适合在乘客数量较少的区域使用。

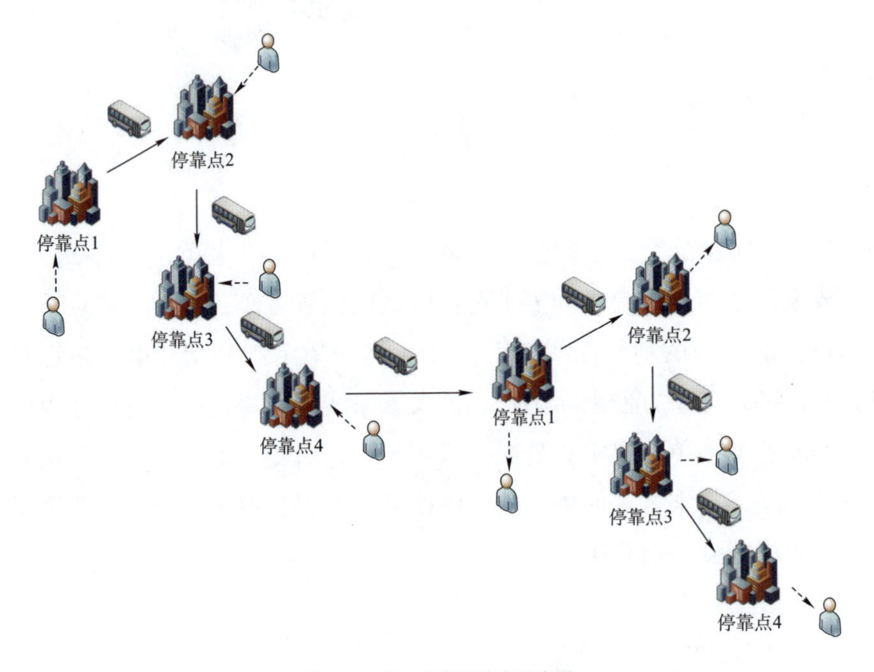

图 7-11　多—多定制公交示意图

三、组合运营模式

从表 7-2 中可以看出，常规公交和定制公交各有适合使用的服务区域。因此，将常规公交和定制公交结合、优化运营，在人口密度高且分布密集的城市中心地区等高需求区域使用常规公交运营模式，而在公共出行需求少且稀疏的城郊和城镇地区等低需求的区域使用定制公交运营模式，不仅满足了城乡一体化中发展公共交通的需要，为民众提供了更方便快捷的公交服务，而且降低了运营投入，减轻了地方政府和公交企业的财政压力，在理论上具有实际意义。

常规公交和定制公交对比　　表 7-2

比较对象	常规公交	定制公交
车辆类型	大容量车辆，一般 40~50 座	小容量车辆，一般 10~20 座
服务站点	固定	不固定
运营线路	固定	不固定
服务人数	多，不超过 70 人	少，不超过 25 人
成本投入	高	低
可达性	低	高
自由程度	低	高
适宜的服务区域	人口密度高、公共出行需求高的城市中心地区	人口分布稀疏、公共出行需求少的城郊和城镇地区

在组合运营模式中，公交服务由常规公交和定制公交两部分共同完成。具体来说，在低需求地区，使用定制公交服务替代原有固定的公交路线服务的部分区域和站点。以一条公交线路为例，即常规公交原有 n 个站点，定制公交服务覆盖了原有常规公交外围（低需求地区）的 m 个站点，剩下的 $n-m$ 个站点的区域仍由常规公交提供服务。被定制公交覆盖的服务范围内的乘客不需要前往常规公交线路上的站点，由定制公交前往上车点接到乘客或下车点放下乘客。

下面对接驳定制公交和常规公交组合运营模式，点对点定制公交和常规公交组合运营模式分别进行介绍。

1. 接驳定制公交和常规公交组合运营模式

接驳定制公交是以常规公交和定制公交衔接的站点为换乘中心，靠近城市中心的一侧由常规公交提供运营服务，另一侧由接驳定制公交提供接驳服务。接驳定制公交表现为单—多和多—单的形式，当车辆将换乘中心的乘客送到下车点时表现为单—多形式，当车辆接到上车点的乘客并运往接驳中心时表现为多—单形式。

如图 7-12 所示，在接驳定制公交和常规公交组合运营模式（后文简称接驳组合运营模式）中，定制公交在其服务区域内提供接驳服务，根据区域内出行需求上门接乘客并送至乘客中转站，并由常规公交完成其余部分的运输服务，即接驳服务从常规公交现有的路线外围终点站点起，根据原有外围的 m 个站点的乘客们的具体位置上门，并送回接驳站点，完成一次接驳服务，并由覆盖剩下站 $n-m$ 点的常规公交线路完成运输服务。

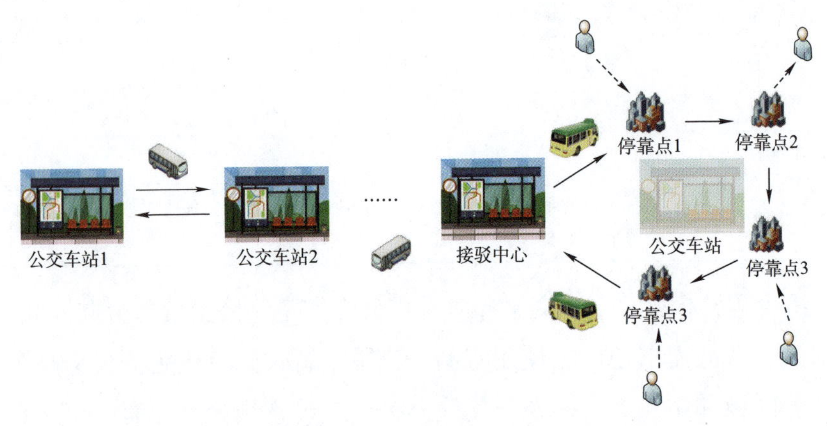

图 7-12　接驳定制公交和常规公交组合运营模式示意图

2. 点对点定制公交和常规公交组合运营模式

点对点定制公交为乘客提供门到门的服务，从乘客的出发点接到乘客，在乘客的目的地放下乘客，大幅度减少了乘客使用常规公交时可能的长距离步行。点对点定制公交表现为多—多的形式。

点对点定制公交模式与接驳定制公交模式的不同表现在：当乘客的上车点和下车点之一位于定制公交覆盖范围内的时候，这名乘客就由定制公交负责运输；接驳定制公交模式中，存在定制公交和常规公交合作完成一位乘客的运输任务；点对点定制公交模式中，定制公交和常规公交分别独立完成每次的运输任务。

如图 7-13 所示，在点对点定制公交和常规公交组合运营模式（后文简称点对点组合运营模式）中，定制公交将部分乘客从出行起点送到终点，是一种“直达式”公交服务，不再需要乘客自行前往最近的公交车站或在车站下车后再前往终点。即点对点定制公交从场站出发，根据原有外围的个站点的乘客们的具体位置上门，并送到具体位置下车，最后回到场站，其他乘客继续由常规公交提供服务。

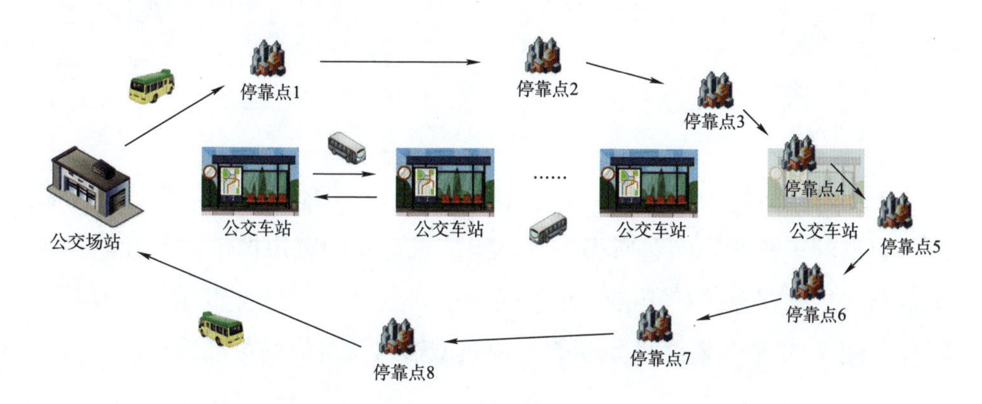

图 7-13 点对点定制公交和常规公交组合运营模式示意图

四、组合运营模式下的定制公交线路规划

1. 问题描述与分析

要衡量常规公交模式和组合运营模式之间的成本差异，首先需要建立定制公交线路规划模型，得到定制公交的行驶路线。

车辆路径问题（Vehicle Routing Problem, VRP）是一个组合优化和整数规划问题，是 Dantzig 和 Ramser 于 1959 年为解决汽油运输车队的最佳路线而首次提出的。这个问题可以表述为：满足所有客户的要求和运营限制，将多个地理上分散的客户用一个或多个站点连接成一组目标最优的路线，组织车队沿该组路线进行运输和配送工作，旨在充分利用已有资源并进行合理的规划，为多个客户提供服务。

随着越来越多关于车辆路径问题的研究出现，根据研究要素以及实际应用的侧重点，车辆路径问题开始细化，分为许多具体的研究类别。根据车辆路径问题中一些研究要素及侧重点，大致可分为五类具体车辆路径问题。分类结果如表 7-3 所示。

车辆路径问题分类 表 7-3

分类属性	分类结果
时间要求	无时间窗、软时间窗、硬时间窗
信息的确定性	确定需求、随机需求；确定服务时间、随机服务时间
车型种类	单车型、多车型
配送中心（场站）	单配送中心、多配送中心
配送方式	开放式配送、闭合式配送

车辆路径问题中的目标一般是距离最短，也可能是时间最少或成本最低。典型的车辆路径问题所得解是一组需求已知的客户提供的目标最优的车辆路线，这些路线始于和终止于同一个站点，每条路线都可以单独形成闭环。图 7-14 是车辆路径问题的一种典型输入及对应的可能输出。

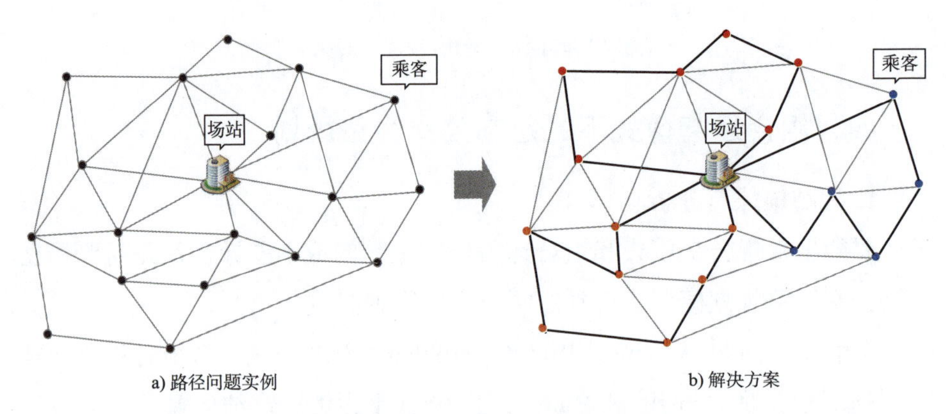

图 7-14 车辆路径问题实例及其解决方案

带时间窗的车辆配送问题（PDPTW）是车辆路径问题的一个细支，它在标准车辆路径问题的基础上增加了几个自由度，提高了标准车辆路径问题的复杂性。带时间窗的车辆配送问题要求由一个配送中心的一支单车型车队满足一组运输请求，其中每个请求都需要在其指定的时间窗内到达预定位置拾取对象，并在另一个相关的时间窗内交付到目的地。带时间窗的车辆配送问题所得解还需要满足车辆承载量的限制。

本书曾提到，将定制公交与常规公交进行组合，可以形成两种新的组合运营模式。新的组合运营模式既可以解决常规公交自由程度低的问题，又削弱了定制公交承载力小的影响。

本章的组合运营模式中的定制公交线路规划和单独的定制公交线路规划有相似的地方。乘客出行需求明确，服务内容和范围明确，解决的问题是合理考虑线路规划过程中的优化目标和约束条件，结合公交运营的特点，达到线路规划总体最优目标。

此外，本章主要探讨组合运营模式是否可以优于单独的常规公交、定制公交，因此，组合运营模式中的定制公交线路规划与单独的定制公交线路规划也有所不同。表现在两个方面：

第一，考虑公交的服务质量。单独的定制公交线路规划不需要考虑公交的服务质量是否改变；本章希望组合运营模式能在满足乘客现有公交需求的前提下，保持公交线路现在的服务质量，达到减少运营成本的目的，所以组合运营模式中的定制公交线路规划需要考虑乘客的服务质量，保证路线规划的最优解中，公交的服务质量没有发生明显的提高或降低。

第二，考虑常规公交运营情况。单独的定制公交线路规划独立于常规公交运营之外，两者互相补充，但不产生直接关联；本章提出的组合运营模式有两种：接驳定制公交和常规公交组合运营模式，点对点定制公交和常规公交组合运营模式。两者本质上都是一条常规公交线路的服务由两种模式合作提供。前者是两种模式通过接驳中心进行物理联系，互相产生影响，此时进行定制公交的线路规划需要考虑常规公交到达和离开接驳中心的时间、运输乘客等运营情况；后者是两种模式分工承担所有乘客的出行需求，在运营过程中互不干扰，独立进行运营。

2. 模型构建

首先，本章的定制公交线路规划模型是为下文中组合运营模式的研究做的铺垫，因此，模型的目标是运营成本最小。其次，本章研究的组合运营模式具有明确的出行需求，因此，需要在乘客允许的时间窗内到上车点和下车点搭载乘客，并且规划好的每条线路不能超过每辆定制公交的承载量。

1）基本假设

构建模型前，首先需要做一些假设，使得模型的建立变得简化。本章提出如下假设：

（1）定制公交在时间窗内到达位置点接到或放下乘客时不产生等待时间，而且定制公交在停靠点的停靠时间固定，与上下车人数无关；

（2）每个停靠点有且仅有一辆车进行服务，所有停靠位置都必须提供服务；

（3）车辆车型相同，最大车容量相等，即单一的定制公交车型；

（4）在一条线路的任意位置处，车内的乘客数都小于或等于定制公交车辆的最大容量；

（5）定制公交的起点和终点为同一个场站，场站位置已知，乘客出行需求中的出发点和目的地的位置、上车时间已知；

（6）在定制公交接送乘客的服务过程中，道路状况稳定，不考虑路段拥堵、车辆本身故障；

（7）一辆定制公交车辆可以运行多条线路，也就是车辆数小于或等于线路数；

（8）不考虑购置公交车辆的费用。

2）符号定义

将研究的问题模型化，定义有向图 $\boldsymbol{G}$=（Q，L）。其中 Q 为节点集合，表示定制公交需要到达的位置点的集合，包括乘客的上车点和下车点；$L\{(i,j)\mid i,j\in Q\}$ 代表弧集，表示从位置点 i 到位置点 j 的最短有向路径集合。

组合运营模式下的定制公交线路规划模型中涉及的集合、索引和部分参数定义见表 7-4。

集合、索引和部分参数　　　　表 7-4

符号	定义
U_k	第 k 班定制公交的路段集合
K_{cus}	规划的定制公交路线集合
Q	定制公交需要到达的位置集合
k	路线索引

续上表

符号	定义
i、j	位置点索引
(i, j)	交通网络中从 i 点到 j 点的路段索引
$l(i, j)_k$	第 k 条定制公交路线经过路段 (i, j) 的行驶里程，km
t_i^k	定制公交 k 到达停靠点的时间
Cap	定制公交车辆的额定承载量
$\alpha_{cus,f}$	一辆定制公交每小时固定运营成本，元
$\alpha_{cus,m}$	定制公交单位里程的燃料成本，元
G_{cus}	定制公交的车队规模，辆
T	公交运营服务时长，min

3）定制公交的乘客总时间

组合运营模式中，乘客的总时间包括常规公交模式和定制公交模式两部分。

乘客乘坐定制公交的总时间 $T_{customized}$ 包括乘客总等待时间 $T_{cus,wt}$ 和车内总时间 $T_{cus,tl}$。

（1）定制公交的乘客总等待时间。

当定制公交在时间窗内到达位置点时，不产生额外的等待时间。只有当定制公交在时间窗外到达位置点的时候才会产生等待时间。$T_{cus,wt}$ 是定制公交到达出发点的时间超出该点时间窗的总和。如式（7-1）和式（7-2）所示。

$$\text{overt}_i = \begin{cases} s_{\min}^i - t_i^k & \text{if } t_i^k < s_{\min}^i \\ 0 & \text{if } s_{\min}^i \leqslant t_i^k \leqslant s_{\max}^i \quad \forall k \in K_{cus}, \forall i \in Q \\ t_i^k - s_{\max}^i & \text{if } s_{\max}^i \leqslant t_i^k \end{cases} \tag{7-1}$$

$$T_{cus,wt} = \sum_{i \in Q} \text{overt}_i \tag{7-2}$$

其中，over t_i 是定制公交车辆在 i 点的等待时间；t_i^k 是车辆 k 到达 i 点的时间，合理的时间窗区间为 $s_{\min}^i$ 到 $s_{\max}^i$。

（2）定制公交的车内总时间 $T_{cus,tl}$。

$T_{cus,tl}$ 和车辆的路线有关。若 $N(i, j)_k$ 表示定制公交 k 经过路段（i, j）时车上的乘客数，$T(i, j)_k$ 表示定制公交 k 经过路段需要的时间（i, j），则 $T_{cus,tl}$ 表示为式（7-3）。

$$T_{cus,tl} = \sum_{k \in K_{cus}} \sum_{(i,j) \in k} N(i,j)_k \times T(i,j)_k \quad (7\text{-}3)$$

综上所述，定制公交的乘客总时间可以表示为式（7-4）：

$$T_{customized} = \sum_{j \in Q} \mathrm{overt}_j + \sum_{k \in K_{cus,a}} \sum_{(i,j) \in k} N(i,j)_k \times T(i,j)_k \quad (7\text{-}4)$$

4）目标函数

本章定制公交线路规划模型的优化目标是运营成本最低，因此，目标函数就是定制公交的运营成本。

（1）固定投入成本。

定制公交的固定投入成本包括人工、车辆维修和折旧等费用。这些费用都和定制公交运营的车队规模，以及公交运营的服务时长有关。总的固定投入成本如式（7-5）所示。

$$C_{cus,f} = \alpha_{cus,f} \times G_{cus} \times T \quad (7\text{-}5)$$

（2）运行可变成本。

定制公交的运行可变成本指的是定制公交因运营而产生的行驶成本，运行可变成本与定制公交规划的路线等因素有关。总的固定投入成本如式（7-6）所示。

$$C_{cus,m} = \alpha_{cus,m} \times \sum_{k \in K_{cus}} \sum_{(i,j) \in k} l(i,j)_k \quad (7\text{-}6)$$

综上所述，定制公交线路规划模型的目标函数用公式可以表示为：

$$\min C_{cus} = \alpha_{cus,f} \times G_{cus} \times T + \alpha_{cus,m} \times \sum_{k \in K_{cus}} \sum_{(i,j) \in U_k} l(i,j)_k \quad (7\text{-}7)$$

5）约束条件

（1）车辆载荷约束。

第 k 条定制公交路线中任意位置的车内乘客数都不得超过额定的承载量，表示为式（7-8）。

$$\text{load}_{(i,j)}^{k} \leqslant \text{Cap} \qquad \forall (i,j) \in k, i \neq j \tag{7-8}$$

（2）乘客服务约束。

对于所有乘坐定制公交车辆的乘客，必有且仅有唯一的定制公交车辆提供服务。表示为式（7-9）和式（7-10）。

$$\sum_{k \in K_{\text{cus}}} \sum_{j \in Q} x_{(i,j)}^{k} \leqslant 1 \qquad \forall i \in Q, i \neq j \tag{7-9}$$

$$\sum_{k \in K_{\text{cus}}} \sum_{j \in Q} x_{(i,j)}^{k} \leqslant 1 \qquad \forall i \in Q, i \neq j \tag{7-10}$$

（3）车辆一致性约束。

对于属于第 k 条定制公交路线经过的停靠点，到达停靠点 i 和离开停靠点 i 的定制公交必须为同一辆。表示为式（7-11）。

$$\sum_{j \in Q} x_{(i,j)}^{k} - \sum_{j \in Q} x_{(j,i)}^{k} = 0 \qquad \forall k \in K_{\text{cus}}, i \neq j \tag{7-11}$$

（4）车辆使用约束。

本章的定制公交线路规划问题考虑了车辆重复使用的情况，如果一条定制公交路线开始运行时，场站内有完成路线运输任务的空闲公交车辆，允许再次使用车辆。因此，定制公交的车队规模小于或等于实际规划的定制公交路线数，表示为式（7-12）。

$$G_{\text{cus}} \leqslant K_{\text{cus}} \tag{7-12}$$

（5）变量范围约束。

式（7-13）~式（7-15）用来定义变量范围：①第 k 条定制公交路线的车内乘客数在任意位置处都为非负数；②第 k 条定制公交路线的行驶总里程为非负数；③当 $x_{(i,j)}^{k}=1$ 时，表示第 k 条定制公交路线经过弧（i, j），反之，当 $x_{(i,j)}^{k}=0$ 时，表示第 k 条定制公交路线不经过弧（i, j）。

$$x_{(i,j)}^{k} \in \{0,1\} \quad \forall k \in K_{\text{cus}}, \forall i,j \in Q, i \neq j \tag{7-13}$$

$$\text{load}_{(i,j)}^{k} \geqslant 0 \quad \forall k \in K_{\text{cus}}, \forall i,j \in Q, i \neq j \tag{7-14}$$

$$\sum_{(i,j) \in U_k} l(i,j)_k \geqslant 0 \quad \forall k \in K_{\text{cus}}, \forall i,j \in Q, i \neq j \tag{7-15}$$

6）算法设计

组合运营模式下的定制公交线路规划模型是一个混合整数规划问题，但问题的可行解数量极多，非常复杂，属于非确定性多项式问题（NP-hard）问题，无法在有限的时间内进行有效求解。对于NP-hard问题，使用智能算法是目前较为高效的方法。遗传算法属于智能算法之一，基于自然选择和遗传学的思想，是一种模仿生物进化过程的全局随机搜索方法。

遗传算法模拟自然选择的过程，这意味着那些能够适应环境变化的物种才能够生存和繁殖并进入下一代。简而言之，遗传算法是通过模拟连续数代个体之间的“适者生存”环境来解决问题。

每一代都由一群个体组成，每个个体代表搜索空间中的一个点，即一个可能的问题解决方案。每个个体都通过编码将信息表示为一串字符，该字符串类似于染色体。

根据编码规则随机生成一个参与遗传的初代种群，设置特定的适应度函数计算每个个体的适应度值，适应度高的个体在遗传操作过程中具有优先性。然后对初代种群进行选择、交叉、变异的操作，产生了新一代的种群。将新一代种群和旧一代种群中所有个体的适应度值进行排序，根据顺序从高到低选择适应度值高的个体进入下一代种群。到此完成了遗传算法的一次迭代。之后重复进行选择、交叉、变异的操作，直到达到最大迭代。根据最大迭代中最佳个体的适应度值来选择最佳结果。

为了实现并求解模型，这里选择遗传算法作为求解组合运营模式下的定制公交线路规划模型的基础算法，在此基础上融合局部搜索的思想，设计出求解模型的优化遗传算法。图7-15为遗传算法的流程图。

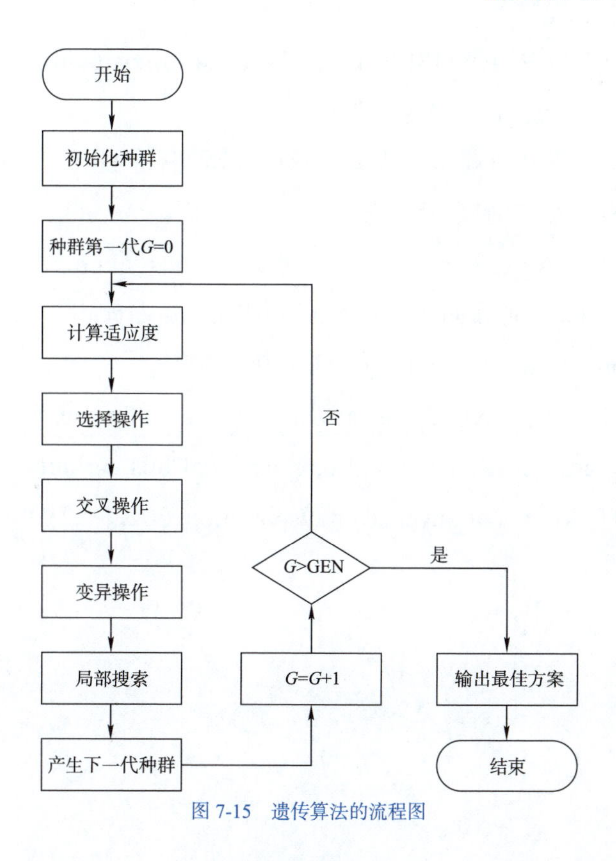

图 7-15　遗传算法的流程图

本章参考文献

[1] 欧国立,范珂.基于作业成本法的北京市公交车运营成本测算研究[J].经济研究导刊,2013(28):195-197.

[2] 杨德明.城市公交运营成本分析及计算方法研究[D].成都:西南交通大学,2011.

[3] 青岛市政府国资委.公交集团降低人工成本向人力资源要效益[EB/OL].[2015-04-23].http://www.qingdao.gov.cn/n172/n24624151/n24672329/n24673634/n24675014/150423103327423876.html.

[4] WANG C, YE Z, YU Y, et al. Estimation of bus emission models for different fuel types of buses under real conditions[J]. Science of the Total Environment, 2018, 640: 965-972.

[5] DANTZIG G B, RAMSER J H. The truck dispatching problem [J]. Management science, 1959, 6(1): 80-91.

[6] 衷志远 . 具有同时配送和收集需求的车辆路径问题研究 [D]. 上海：上海海事大学 ,2007.

[7] LIN C K Y. A vehicle routing problem with pickup and delivery time windows, and coordination of transportable resources [J]. Computers & Operations Research, 2011, 38(11): 1596-1609.

[8] LU X，HAN J，XU P，et al.An operation plan optimization model for integrated customized and conventional bus services based on cost analysis[J].Journal of advanced transportation, 2022(Pt.7):2022.

第八章　北京定制公交服务案例

北京作为全国率先推出定制公交服务的城市之一，从最初仅有商务班车服务逐步拓展到包括旅游公交、巡游公交等多种服务模式的多样化公交服务，在为通勤者提供相比常规公交更加快捷、舒适的出行服务方面发挥了重要的作用，同时在北三县通勤定制快巴、通州区公务员定制班车等线路的运营中也承担了较多的社会责任，保持了城市公共汽电车创新型服务模式的公益性属性。

第一节　发展定制公交的背景

2013 年，北京公共交通控股（集团）有限公司（简称北京公交集团）决定借助互联网手段，搭建统一的公交电子商务服务平台，发展定制公交等多样化公交服务。同年 7 月，北京定制公交平台上线试运行并推出需求调查板块；9 月，定制公交平台正式运行，商务班车招募乘客，首批 3 条商务班车线路开通运行。

一、缓解交通拥堵需要提高公共交通的吸引力

伴随着北京市经济社会快速发展，交通形势也日益严峻。交通拥堵严重，人口高度集聚，机动车增长迅速，公共交通吸引力不足，交通综合管理水平与机动车保有量过快增长不匹配等问题都亟须采取措施解决。为了缓解交通拥堵，进一步优化发展环境，北京市出台了《推进首都交通科学发展加大力度缓解交通拥堵工作的意见》，提出了增强公共交通吸引力，引导更多的私家车主放弃小汽车出行，同时提供相对“高品质的、定制的

公共交通服务”。依靠公共交通的发展来缓解交通拥堵，成为首都缓堵工作的重要思路。

二、市民高品质公交出行的需求推动公交服务创新

定制公交的推出是广大人民群众公交出行需求的客观反映。北京公交的低票价和普惠制虽然在一定阶段内提升了公交吸引力，同时也带来了公交服务的“同质化”问题。在私家车快速发展的背景下，不解决乘客体面乘坐公交出行的问题，将制约更多乘客选择公交出行。为此，2011 年 3 月，北京公交集团就推出了依托社区网站实现的乘客预定专座式的“社区通勤快车”服务。作为定制公交的原型，由于受社区网能力限制，难以满足大量和大范围的乘客定制出行需求，发展受到制约。在这种情况下，北京公交集团逐步搭建了权威统一的定制公交电子商务平台，满足乘客定制公交出行需求。

三、轨道交通的大力发展要求公交企业做出积极的应对

近年来，北京市迎来了轨道交通大发展期，已经形成了“三环、四横、五纵、多放射”的轨道交通网络，由此带来了短期内地面公交客运量的持续下降，客运市场构成出现了巨大变化。面对这种形势，北京市从地面、地下两张网络各自的优势出发，在轨道交通快捷性优势明显的情况下，围绕提升公共汽电车服务便捷性和舒适性，积极推出能够符合乘客高品质公交出行需求的定制公交产品，实现地面公交与轨道交通的协同发展，使两网运行效率最大化。

四、清洁空气行动计划的实施需要市民更多地选择公交出行、绿色出行

近年来，在国家提出“双碳”目标，鼓励绿色生活方式的背景下，北京市政府先后出台多项措施，提倡公交出行、绿色出行，将其列为城市减少大气污染、促进节能减排的重要举措。因此，发展定制公交，通过提供

安全、快捷、舒适、环保的定制公交服务，促进私家车出行群体向公共交通转移，达到减少小汽车使用、降低机动车尾气排放的目标，成为首都治理大气污染的重要途径。

第二节　定制公交运营

一、定制公交服务业务规则

（一）线路设计开通规则

第一，北京公交集团通过网络平台为定制公交设置了需求调查板块，收集广大乘客的出行需求。第二，由网络平台汇集梳理乘客提交的需求信息，由系统自动对需求量大的居住地、工作地进行匹配和排序。第三，工作人员参照数据，“点对点”地设计线路，并现场进行线路踏勘和线路走合，乘客提出到达时间的要求，工作人员根据实际交通状况，测算出发车时间。第四，对同一条线路会设计出多种方案，充分借助公交专用道和城市快速路，考虑各路口信号灯的时间设置，沿途的站位、道路等因素可能影响到商务班车的运营，最终选择出时间、距离最优方案。在形成初步方案后，还要进行多次线路踏勘工作和线路走合测试，科学设定走行时间，再度优化方案，并进一步筹备车辆、培训人员、更新和维护平台数据、制作线路产品、更新平台信息。当预订人数超过车辆座位半数时开通。

（二）定价规则

商务班车价格分两部分，预订价格为 20km 以内 8 元，20km 以外的部分每增加 5km 加价 3 元；整月预订可享受八折优惠。乘客在乘车时刷一次 IC 卡，收费 0.4 元，同时起到了验证身份和记录乘车痕迹的作用。对比其他乘车方式，不足自驾车成本的 30% 和乘坐出租汽车成本的 15%。

（三）预订规则

商务班车开通之初对预订规则的设计，充分体现了服务乘客，以人为本的理念。为了方便乘客，把一个方向早、晚峰分成两条线，乘客既可订往返，又可订单程；商务班车既可整月预订，又可预订从乘坐一次至几天不等的座位。后期实现了余座预定功能。2014年底，公交集团拓宽服务渠道，依托移动互联技术，在定制公交平台网页版的基础上，又推出了“定制公交”手机App，实现了“网页版和移动互联设备”多种方式的浏览、预订功能，方便市民预订。

1.拟开行商务班车的预订

拟开行的商务班车将在定制公交平台“新线招募”板块发布信息，整月预订优先，按照22个工作日计费。缴费人数达到车辆座位50%以后，一周内开行。

2.已开行商务班车的预订形式

整月续订及预订：在下一周期开行3日前，均可续订或预订下一周期整月座位。

预订本周期剩余日服务（非整月预订）：在当前开行周期内，可预订3日后至截止日（含）之间的连续工作日或单日座位。

预订下一周期非整月服务（非整月预订）：在下一周期开行前5日，系统开放预订，可预订3日后至截止日（含）之间连续工作日或单日座位。

次日余座预订：在商务班车有空余座位的情况下，每日22:00（以支付时间为准）前可预订次日空余座位。空余座位数量有限，乘客预订先到先得，售完为止。

当日余座预订：在商务班车有空余座位的情况下，当日6:00至发车前的10min可预订当日空余座位。空余座位数量有限，乘客预订先到先得，售完为止。

3.订单提交

选定商务班车后，须在定制公交平台订单页面按规定填写相关项目。

手机是乘客接收乘车信息的唯一有效途径，市政交通一卡通（简称“一卡通”）是验证乘车信息的重要依据，因此，应确保手机号和一卡通卡号信息的正确。

一个注册用户每次最多可为 5 人预订座位，但必须填写不同手机号和一卡通卡号。否则不能提交订单。

乘车短信：在确定乘客座位后，定制公交平台将会在乘车前 1~2 天内（余座预订的乘客在支付完成后），以手机短信的形式向乘客发送乘车信息。

一卡通验证：乘客需持预订时填写卡号的一卡通，按照短信所示的班次、站点乘车。上车时主动刷卡，通过验证后允许乘车，并扣除乘车刷卡费用；未通过验证的无法乘车。如乘客需要更换或更正一卡通卡号，可在订单中进行修改。在每日 22:00 前修改的，新卡号自更改次日起生效。

自助验票：目前只有“当日余座”预订乘客采取该种验票方式。当日余座订单在支付完成后，乘客可在支付方手机 App 账户“个人中心”下“我的车票”中查询电子车票。按照电子车票显示的班次、站点乘车，乘客上车时须向驾驶员出示电子车票，经驾驶员核对后，当面点击“自助验票”，进行自助验票乘车。

4.退款

退款条件：对于已接受乘客预付款 30 日后仍未能开行商务班车的，应乘客要求可全额退款；由于市政施工、交通管制等外界因素影响，造成商务班车行驶路线调整，使乘客无法实现乘车目的，应乘客要求可全额退还剩余日的款项；由于运营方原因，造成商务班车撤销的，可全额退还本期款项；由于乘客原因，无法继续乘坐已预订商务班车的，可退还从确认退款日后至其乘车截止日的费用，但之前已发生的乘车费用不享受折扣，余款部分需支付退款手续费，从退款款项中直接扣除；余座预订不支持退款；被确认属于恶意退款的，将列入黑名单。

退款手续费：在乘车短信发出后，预订乘坐首日前提出退款申请的，手续费为已交金额的 5%；在预订乘坐首日（含）后提出退款申请的，手续费为余款金额的 10%。

退款流程：乘客拨打北京交通服务热线 96166，提出退款申请。审核通过后，系统将激活该乘客所在订单的退款权限。

乘客按要求填写并提交“退款申请单”。自退款受理后 3 日内，退还款项将返回至第三方支付平台。由第三方支付平台按原渠道退还到乘客账户内，具体到账时间以乘客所用支付卡所在银行的处理时间为准。发生退款后需要开具报销凭证的，乘客与运营方约定时间和地点领取。

接受退款时间：6:00—22:00。

二、定制公交电子商务平台网站建设

定制公交电子商务平台遵从 B2C（Business to Consumer, 商对客电子商务模式）理念，依托于成熟的互联网电子商务技术，建设了定制公交客流调查、线路查询和支付功能，可完成从需求采集、产品设计、产品发布、组织购买到产品支付的全流程。

（一）技术路线

系统按照产品模块、用户管理模块、在线支付模块、客服模块、方案征集模、财务管理等模块的工作流程及相应的规章制度、管理规定、处理逻辑开展研究，建立管理制度集。

（二）系统逻辑结构

整个系统分为前台功能与后台功能两部分，共同构成北京公交社区“定制公交”电子商务平台系统。

（三）系统网络拓扑结构

2014 年，随着互联网、电子商务、动态乘客信息服务领域技术的快速发展，承载北京公交网、北京公交网手机版、定制公交网、定制公交 App、公交 e 路通、微信平台、微博私信平台等互联网业务的服务器群、网络 / 安全设备均运行在亦庄联通数据中心机房。考虑到随着动态乘客信息服务和电子商务业务的不断开展，用户数量在未来几年内将呈现爆炸式增长，为了给广大市民提供更加稳定、高效、快速、安全、准确的服务，需要站在可持续发展的角度，对上述应用的软、硬件架构进行重新规划。以大数据量、大并发量为基础，以云计算、云存储技术为支撑重新搭建软/硬件环境。实现资源最大化利用，效率最大化发挥。

（四）功能概述

网站界面具有网站整体美工设计、操作流程设计的功能；系统应用结构具有电子商务架构设计及搭建的功能；用户平台具有用户实名注册、条款发布、登录、信息确认、基本信息管理、订单管理、用户共享及接口开发等功能；产品平台具有规则介绍与发布、（常规）信息发布、（特定、重点）信息发布、线路信息发布、乘车提示、线路热度排序、流程提示、预设线路意见采集、用户调查投票、（产品）线路信息发布、（产品）线路查询、（产品）线路信息预览、余座查询与预订、（产品）预支付、购物车、支付接口等功能；支付平台具有退款接口、申请、审批及批量退款、结算凭证单、在线客服等功能；服务平台具有短信（接口）发送、常见问题库维护、乘车订单列表及用户信息管理等功能；后台维护管理平台具有系统日志（简单）分析、系统预警提示维护、新闻、规则、信息维护及账期核算等功能；后台账目管理平台具有管理分公司报表、线路报表及第三方支付接口对账等功能。

三、手机应用平台

系统开发基于安卓、苹果操作系统的手机客户端，在定制公交平台设计出接口，满足定制公交平台与定制公交手机 App 系统之间的对接需要。

1.注册

在手机 App 中支持用户多种注册选择。用户可以使用 App 自带的注册功能，也可以使用 App 提供的第三方共享注册接口。如果用户选择系统注册功能。则登录成功后可以避免再次修改资料。如果使用第三方共享注册功能，则在登录系统成功以后需要手动修改部分资料，如手机号码（便于用户支付成功后获取平台发送的支付成功短信等）。

2.余座查询

在手机 App 中，用户可以通过线路查询该线路特定时间的余座信息，通过查询余座，用户可以进行线路订购的一系列流程。

3.班车订购

系统用户可以通过手机 App 进行线路订购，完成支付功能。

第三节 定制公交未来发展思路

一、开展快速直达专线业务

进一步细分客运市场，围绕短途更为便捷、中长途更为舒适的目标，推动在常规公交客流集中的时间和路段，采取直达或大站的形式，定时发车运营，分离出相对高端的出行需求；使用多座位、带空调的公交车，乘坐相对舒适，但不保证一人一座，服务水平介于常规公交和商务班车之间；采取差别化票价，体现优质优价；线上线下相结合。专线服务通过互联网技术与定制公交平台进行关联、实现融合。以进一步提升平台价值，延展服务空间，促进业务发展。

二、开展大客户服务

围绕机关、企事业单位、园区、高校等团体客户集约化出行的需求，配合公车改革的推进，推出大客户（团体）服务。为团体客户设计实施出行需求调查，量身定制集约化出行方案，提供多样化的运输服务，形成咨询策划、资源整合、运营的一条龙服务，支撑大客户集约出行服务的一揽子解决方案。

三、探索综合枢纽定制公交服务

根据北京是全国高速铁路枢纽的特殊地位以及北京高速铁路网和铁路客运站建设改造情况，依托火车站的场站和枢纽资源，做强市区内外部交通的换乘接驳。采用带行李舱的大型公交车，连接各大火车站，为在北京中转的客流提供舒适便捷的直达公交服务；采用小型中高档商务车，围绕火车站形成商务公交的放射状网络。

四、做好旅游公交的服务

针对八达岭、居庸关、十三陵等旅游热点，率先试点推出一些节假日、旅游高峰日的旅游公交线路，进一步拓展观光线路服务。

五、探索创新增值服务

寻求多样化公交服务合理的发展方向，开展定制公交的相关增值服务，如绿色积分、优惠活动、试乘试坐、用户红包、免费抽奖、折扣返现、积分兑换等；加强互联网平台建设，完善网络平台、手机 App 平台功能，发挥微信平台作用，做好“定制公交圈”的建立和使用工作；利用互联网手段进行定制公交的推广和宣传等，实时发布定制公交新增、运行线路信息，开展的特色服务及乘车优惠措施。

第九章　线路开通方法

定制公交是新型交通模式的典型代表，它可以根据乘客的个性化出行需求，为目的地和时间相同或相近的人群提供量身定制的出行服务，是介于常规公交与出租汽车之间的准公共产品。

针对我国城市发展特征和需求，优先发展公共交通是一个非常重要的战略方针，被明确地写入了《国家新型城镇化规划（2014—2020 年）》，旨在提高基本公共服务水平。具体措施包括大力发展常规公交、快速公交、有轨电车，以及科学有序地推进轨道交通建设。此外，“公交都市”战略提出了构建多模式公交系统的要求，以促进城市交通的转型发展。现阶段，公众对城市交通出行服务的要求越来越高，需要发展多元化的公交出行服务来满足不同人群的需求。本章从定制公交需求响应特征、线路开通条件以及线路运营创新等三个方面，介绍定制公交线路开通方法。

第一节　定制公交需求的响应与预判

当前研究热点侧重于定制公交的站点布局和线路规划，对需求响应的研究相对匮乏，而合理的需求响应是整个定制公交系统成功运营的重要保证。从各城市的具体实施情况来看，对于乘客需求的响应往往是依靠经验确定，运营者的主观性依存度较高，定量研究相对缺乏。

一、需求响应方式

谢成辉和杨冰提出需求响应型公交的概念，将其定义为一种没有固定运行时刻表、线路和停靠站点的“门到门”运输服务。

目前研究定制公交需求响应机制主要分为两种，一种是满足全部需求，另一种是满足部分需求。最理想的需求响应机制应该在满足大众化需求的同时，恰当地筛选掉特殊化需求。因此，关键在于确定是否对需求进行响应。

1.需求响应方式的基本流程

定制公交企业通过收集乘客的需求信息来确定预约需求点，即时空相对集中的需求点，以提供定制化的出行服务。在响应需求时，需要充分平衡定制公交企业和乘客之间的利益，尽可能满足乘客数较多、时空集中的“大众化需求”，而筛选掉乘客数稀少、时空分散的“特殊需求点”。

采集预约需求点的相关信息（起始点、目的地、出行时间、乘客人数）后，定制公交运营企业需要在时间和空间两个维度上对预约需求点进行响应，这包括预响应和再响应过程，基本流程如图 9-1 所示。

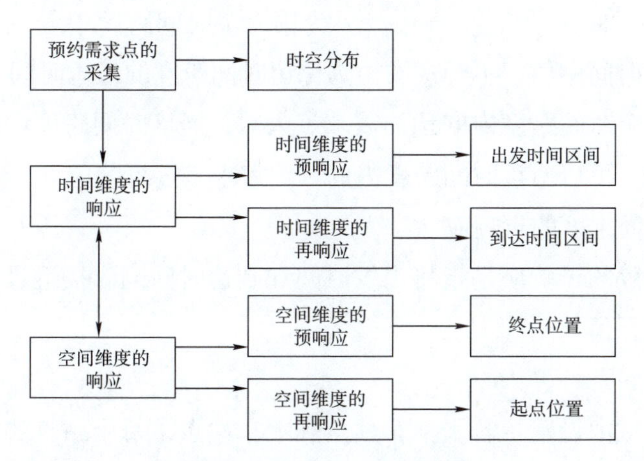

图 9-1　响应方式的基本流程

2.时间维度的响应

（1）时间维度的预响应。

时间维度的预响应指的是保留出发时间段接近的预约需求点。

时间维度的预响应的主要思路是先计算预约需求点的出发时间段的中位数，并按照中位数进行升序排序，生成一个新的出发时间序列。然后，使用基于时间度量的层次聚类算法将时间序列分成若干个时间跨度。最后，统计每个时间跨度内的预约需求点数量，并筛选掉人数较少的孤立点。具体如下：

求解预约需求点的出发时间段中值 $\overline{t_{pk}}$，并进行升序排列：

$$\overline{t_{pk}} = \frac{e_{ph} + l_{ph}}{2}$$

式中，e_{ph} 代表第 h 个预约需求点的最早出发时间；l_{ph} 代表第 h 个预约需求点的最晚出发时间，筛选出中值相同的预约时间点。

采用基于时间度量的层次聚类算法进行分析，当各个时间跨度的方差之和最小，并且类簇的时间跨度不超过特定值时，可归为一个类簇：

$$\frac{\min \sum_{h=1}^{\theta} S_h^2}{\overline{t_{pH_h}} - \overline{t_{pH_{h-1}+1}}} \leqslant \tau$$

式中，S_h^2 是第 h 个时间跨度的方差；$\overline{t_{pH_h}}$ 为时间跨度中第 1 个预约需求点的出发时间中值；$\overline{t_{pH_h}} - \overline{t_{pH_{h-1}+1}}$ 为第 h 个时间跨度中最后一个预约需求点的出发时间中值，不等式右边为保留时间跨度的最短时间。

统计各个时间跨度内的预约需求点人数，当该时间跨度内的人数到达一定数值时，可以对该时间跨度内的预约需求点进行响应。

（2）时间维度的再响应。

时间维度的再响应是指将出发时间和到达时间同时接近且人数较多的预约需求点保留。

（3）时间窗。

一个区域内设置了若干上车站点和下车站点，每个站点的时间窗（乘客期望时间窗和最大容忍时间窗）已知，车辆从场站出发经过上车站点，将满足乘坐条件的乘客运送至其下车站点，完成接送任务后返回场站，示例如图 9-2 所示。

时间窗的示意图如图 9-3 所示。

①上车时间。

为了在乘客到达时间和车辆到达时间之间寻找一个平衡，需要设定一个站点服务时间区间。上车站点主要分布在居民居住地，乘客的期望时间窗为［t_i,t_j］，乘客的最大容忍时间窗为［T_i,T_j］。而只要不在期望时间窗内，就会出现惩罚成本。而超出最大容忍时间窗，乘客会选择不接受服务。上车时间乘客容忍度如图 9-4 所示。

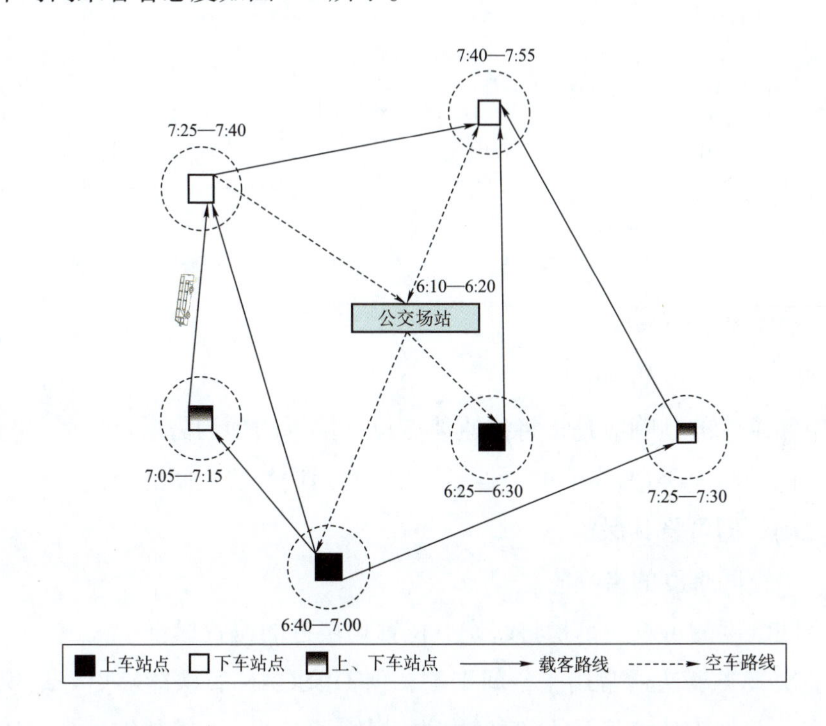

图 9-2 乘客服务时间

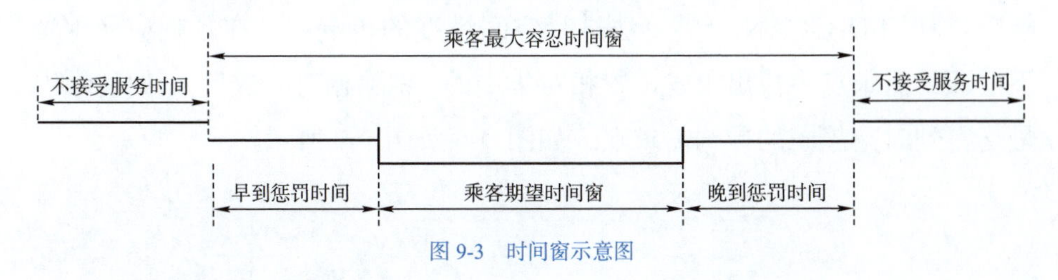

图 9-3 时间窗示意图

②下车时间。

下车站点主要是工作区域或者学校区域，乘客通勤的准时性以及学生到达学校的准时性都取决于车辆到达下车站点的时间，因此需要对车辆的到达时间进行约束，保证其到达准点率。此时乘客有一个最晚到达时间，只能接受早于该时刻到达，不能接受晚于这个时刻到达，这也是最区别于上车时间的地方。下车时间乘客容忍度如图 9-5 所示。

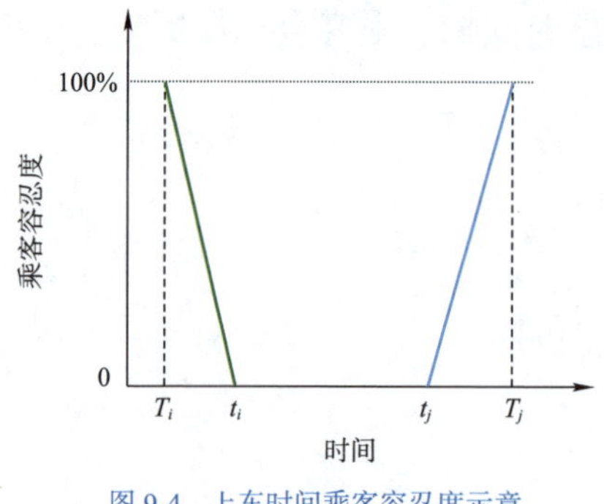

图 9-4　上车时间乘客容忍度示意

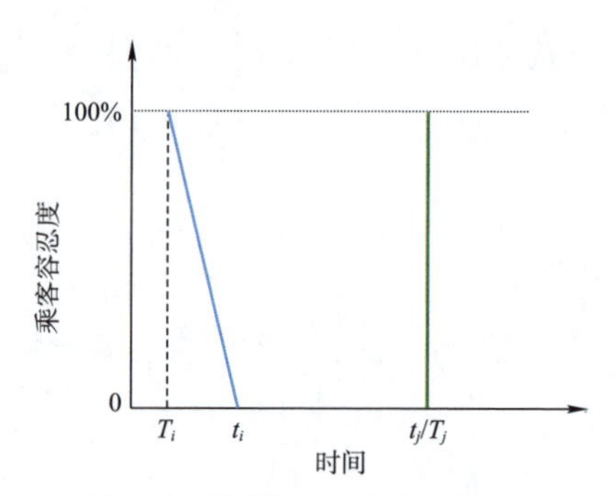

图 9-5　下车时间乘客容忍度示意

3.空间维度的响应

（1）空间维度的预响应。

空间维度的预响应是指将到达地点位置接近的预约需求点保留。与时间维度的预响应类似，当两个预约需求点的到达位置之间的距离差在一定数值之内，即可将其保留。

（2）空间维度的再响应。

空间维度的再响应是指将起讫点位置均接近的位置保留。

层次聚类算法通常用于空间聚类，但 DBSCAN 算法能够更好地识别孤立点，并处理任意形状类簇的数据，规避了 k-means 等传统聚类算法的缺陷。利用 DBSCAN 聚类算法进行空间维度的再响应，在预响应所保留下的预约需求点中找出出发位置相对集中的，剔除相对分散且人数稀少的，最终得到时空趋同的预约需求点，如图 9-6 及图 9-7 所示。

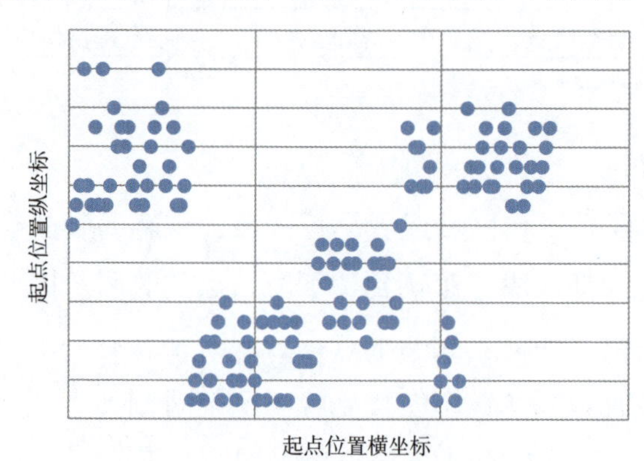

图 9-6　筛选掉孤立点前

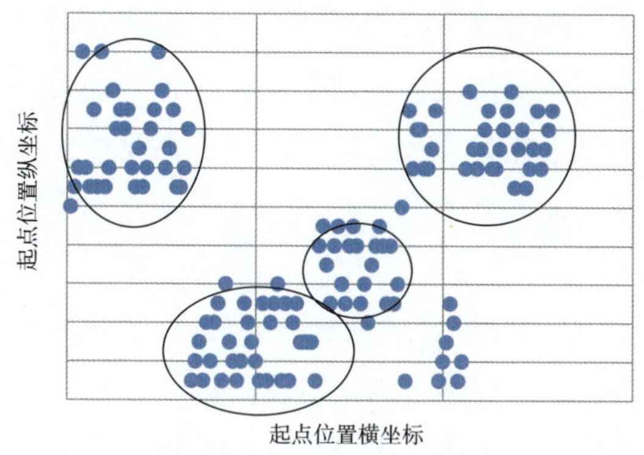

图 9-7　筛选掉孤立点后

DBSCAN 聚类算法的主要思想是从任意一个未被访问的预约需求点开始，计算每个预约需求点的邻域，该邻域具体是指乘客出发点到上车点之间的距离，通过密度可达的概念将预约需求点聚类同时标记孤立点，直到所有的预约需求点都被访问时算法终止，算法的具体流程如图 9-8 所示。

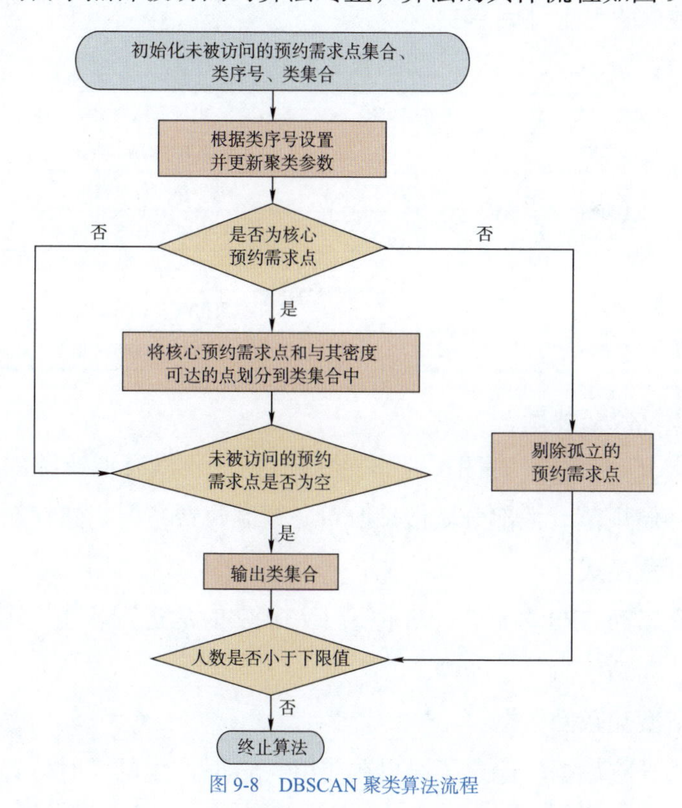

图 9-8　DBSCAN 聚类算法流程

定制公交的预约需求在空间范围上是分散的，若对其全部响应，则会造成定制公交企业利益的损失；若对其响应过少，则会降低定制公交对乘客的吸引力，因此对乘客需求建立响应机制是非常有必要的。

二、需求预判方式

获得乘客准确的出发地与目的地等资料，可以在大量数据中挖掘乘客的起讫点信息，进一步辨识乘客的出行目的。

定制公交服务出现后，部分出行者可能从原方式转移至定制公交，而不同的出行场景可能导致出行者的定制公交出行需求呈现差异。定制公交的潜在出行需求同时取决于两方面因素：原出行方式的需求量（及特征）、出行者的转移意愿或转移率。

1.出行数据收集

出行数据的类型见表 9-1。

出行数据类型　　表 9-1

交通方式	出行数据类型
公共交通	公交 IC 卡刷卡数据
共享单车	共享单车订单数据
	共享单车 GPS 数据
出租汽车（含网约车）	出租汽车订单数据
	出租汽车 GPS 数据
共享汽车	共享汽车 GPS 数据

（1）传统公交数据。

①公交 IC 卡数据。目前，我国的城市公交还没有形成统一的刷卡数据采集和存储规范。大部分城市采取单一票制收费，但仍然存在部分城市采用分段计费模式。

②公交车辆 GPS 数据。GPS 记录了车辆实时的运行状态、运营路线、到站信息、离站信息等。

（2）新型互联网数据。

①手机导航数据。记录了用户在使用 App 时产生的实时位置信息。设

定一个时间阈值 5min，若某用户两条连续的出行记录大于该阈值，那么将两条记录的位置分别记作上一次行程的终点和下一次行程的起点。

②手机规划数据。用户在出行之前会查询导航软件，以提前对行程进行规划，这时系统会记录查询的相关信息，该信息即为手机规划数据。

采用聚类分析判断乘客的上车站点，其核心思想为对刷卡时间进行聚类分析，进而对其与线路站点的匹配度进行判断。杨秀华、孙旭、尹长勇、于勇都是通过这种方法利用公交 IC 卡数据对上车站点和上车时间进行的推断。而章威、章玉、许文远则是将 GPS 数据与公交 IC 卡信息相关联，建立乘客上车站点信息的时间匹配模型。

我国大部分城市采用单一票制方法，因此通过 IC 卡信息很难获取乘客下车站点及下车信息，目前我国在此方面的研究多是基于乘客的出行链进行推断。基于出行链理论判断下车站点是一种非聚集的分析方法，即假设乘客的后一次乘车的上车站点与前一次乘车的下车站点在空间位置上基本吻合。Cui 等人就是基于出行链的思想进行了乘客公交出行下车站点的判断；胡继华等人也基于出行链理论得到了单条线路部分刷卡乘客的下车站点。

2.乘客出行行为判别

挖掘潜在乘客也是定制公交线路开通的重要任务之一。

通勤用户在整个出行总量中占比很大，且具有明显的潮汐规律性，因此可以根据一个周期内的高峰 IC 卡数据，结合频次以及站台周边的用地信息进行判定。

（1）根据频次设定判断标准。例如，在选定的一定周期内，工作日时间有超过三次早高峰出现在同一站台，可以将该站点视为该乘客的居住地，工作地亦然，如果持卡人在一周之内对同一访问地的次数少于三次，将排除这组数据，这种方式很适合于识别流动模式具有高度时空规律性的常规通勤者。

（2）根据导航数据进行判别。根据乘客导航数据的起讫点数据，结合用地性质特征数据对乘客出行目的进行判别，见表 9-2。

出行目的判别　　表 9-2

用地性质特征	时变特征	推断的出行目的
起点为居住用地且讫点为办公用地、商业用地、公共服务设施用地	在工作日，呈现明显早、晚高峰特征	通勤
起讫点一端为交通设施用地且结合实际地理信息判断为城市大型对外交通枢纽	—	枢纽换乘
起讫点一端为商业用地、公共服务设施用地	节假日出行需求明显高于工作日	休闲娱乐
起讫点一端为绿地且结合实际地理信息判断为重要景区	节假日出行需求明显高于工作日	景区旅行
起讫点一端为公共服务设施用地且结合实际地理信息判断为大型医院		看病就医

（3）设定频次阈值。例如，成都市在建立通勤定制公交时，选取一个月的出行数据，设定频次阈值为 8，选取早高峰时段为 6:00—10:00，晚高峰时段为 16:00—19:00，判定是否为通勤用户。

对于普通公交来说，线路中间站点数量多，尤其是通勤时间客流量大，停靠站点时间长，不仅会造成交通堵塞，影响其他机动车和非机动车的行驶，还会影响乘客的出行体验，增加出行时间。此时，如果引入定制公交线路，提供“一人一座”，提供舒适的服务，不仅缓解了常规公交的压力，还可以更好地满足乘客的需求。

三、需求响应和需求预判的对比

在需求响应式这种模式下，公交服务根据乘客实时的需求进行调度。例如，当乘客发起请求时，车辆会相应地进行调度，以满足乘客的需求。其优点是能够快速响应乘客的需求，提高乘客的出行体验。缺点是无法提前规划和优化路线，会导致公交资源的浪费和效率的低下。需求响应式定制公交是指根据实时乘客需求来调整线路和车辆的运营，以最大限度地满足乘客的出行需求。以下是一个需求响应式定制公交的案例：UberPOOL 是 Uber 公司推出的一项需求响应式定制公交服务。乘客可以通过手机应用程序进行预订，选择共享车辆出行。系统会根据实时的乘客需求和乘车地点，安排车辆和线路，将多个乘客的行程进行整合，以实现共乘的效果，同时减少空驶里程和交通拥堵。在城市交通高峰期，UberPOOL 的定价通常比 UberX 低。需求响应式的优点是能够最大限度地满足乘客的出行需求，减少空驶里程和交通拥堵；可以提高车辆的使用率，减少成本；减少了环境污染，更加环保。缺点是车辆和线路的安排比较复杂，需要实时的技术支持和运营管理。对于某些乘客来说，共乘可能不如独立出行方便，因此需要在价格、服务质量等方面进行平衡。

在需求预判式这种模式下，公交服务根据历史数据和预测模型来预测未来的乘客需求，提前规划和优化路线。例如，公交公司可以通过分析历史乘客流量、天气、节假日等因素，来预测未来的乘客需求，并相应地安排车辆和路线。优点是能够提前规划和优化路线，提高公交资源的利用率和效率。缺点是无法对突发事件和实时需求进行快速响应。需求预判式定制公交是指根据历史乘客数据和交通状况，预测未来的出行需求，进行线路和车辆的规划和调度。以下是一个需求预判式定制公交的案例：上海定制公交是上海公交集团推出的一项需求预判式定制公交服务。乘客可以通过手机应用程序或电话预订车辆，系统根据历史乘客数据和交通状况，预测未来的出行需求，进行线路和车辆的规划和调度，以提供更加个性化和高效的出行服务。在使用过程中，乘客可以通过应用程序查看实时的车辆位置和预计到达时间，方便出行安排。需求预判式公交的优点是可以提前预测未来的出行需求，进行合理的车辆和线路规划，提高运营效率；通过应用程序提供实时的信息查询和反馈机制，方便乘客的使用和反馈；对于城市交通高峰期和特定的出行需求，可以提供更加个性化和高效的服务。缺点是对历史乘客数据和交通状况的预测需要一定的精度和准确性，需要进行数据分析和模型优化。

这两种模式存在的原因是公交服务需要在提供高质量服务和有效利用资源之间寻找平衡点。需要根据当地市场和乘客需求情况选择合适的模式，以达到最佳的效果。

第二节 定制公交线路开通的条件

开通定制公交线路应当满足以下几点条件：

（1）出行时间和起讫点相对固定，例如通勤客流，以确保定制公交服务能够常态化，用稳定的服务吸引客流，并规避客流波动带来的经营风险。

（2）出行需求相对集中，能够在相同时间和路线上形成足以支撑定制公交服务的客流规模，从而使票款及其他运营收入能够保持平衡。

一、不同场景需求下的定制公交开通条件

我国诸多城市开展的定制公交服务实践达到了较为理想的客流水平，形成了对传统公共汽车的有效补充，充分体现了灵活、舒适、客流可控、可溯源等优势。具体的定制公交规划和运营流程如图 9-9 所示。

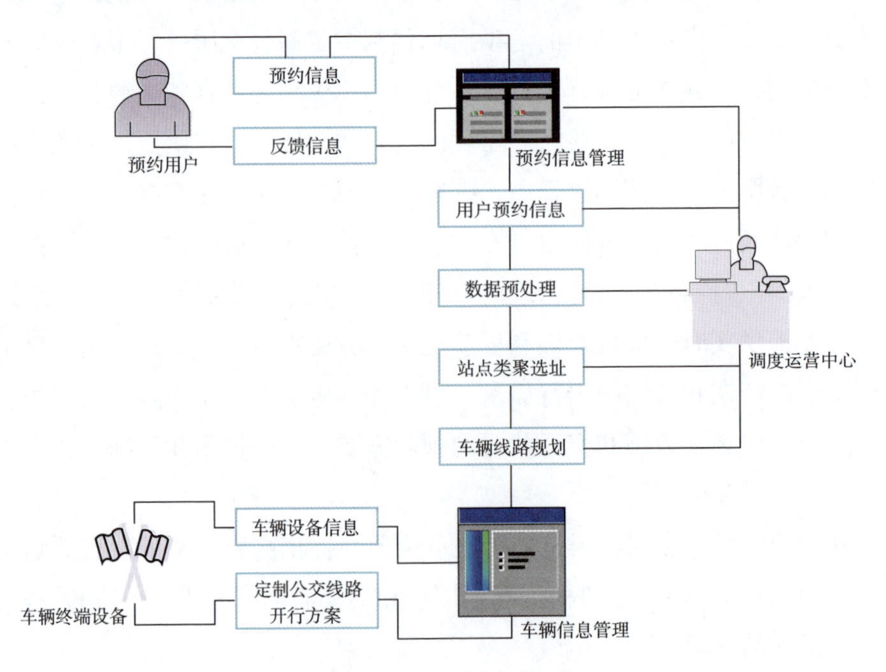

图 9-9　定制公交的规划运营

1.通勤定制公交：个性化出行，解决城市通勤难题

通勤定制公交是以通勤乘客的出行需求为导向，响应高峰时段居民通勤出行的运营模式。

通勤或通学定制公交的起点主要分布在乘客的居住地区域，而起点所服务的区域较广，居民居住地存在一定的差异性，不同乘客的乘车时间窗是不同的，因此导致乘客到达站点的时间具有离散性。

由此可以看出，乘客的出行具有差异性，定制公交需发展多元化的运营模式满足不同场景下乘客的出行需求，如 Li 等构建混合整数线性规划（MILP）模型以满足多样化的通勤出行请求，提出了一种基于列生成的启发式方法验证模型和算法的有效性。胡郁葱等结合定制公交运营特征，构建了多起终点、多车型和乘客混载等运行模式下的多目标组合优化模型。随着信息技术的发展，定制公交需响应一定范围动态乘客的出行请求，Huang 等提出了一种由两阶段组成的优化模型——动态插入乘客请求（动态阶段）和基于整体需求静态优化服务网络（静态阶段），解决了预约背景下实时预约乘客的线网优化问题。

定制公交可以根据乘客需求灵活安排站点、线路和时刻表，可以为出行者提供高质量的公交服务，根据通勤者出行起讫点的时空特性提供准时的通勤服务是其运营的核心。与其他场景导向型定制公交的最大区别就是，通勤定制公交处于早晚高峰的交通环境中，很容易在行驶过程中受到道路拥堵的影响，运行速度下降。

以北京市为例，Jing Li 在对北京通勤者进行 RP 和 SP 调查之后，分析通勤者换乘行为的影响因素。结果显示，男性通勤者略多于女性通勤者，且年龄在 50 岁以下，大多在企事业单位工作，收入中等。随着其他替代出行方式的通勤时间、通勤成本或换乘时间的增加，定制公交的吸引力也会增加，导致通勤者乘坐定制公交出行的意愿更强。了解定制公交或有过定制公交经验的通勤者可能更愿意使用定制公交。毫无疑问，座位是定制公交服务吸引通勤者的最有利因素。

2.接驳定制公交：灵活多变的新型接驳公交模式

定制化接驳公交通过灵活的运输形式为乘客提供方便快捷、灵活多变的新型接驳公交模式。在实际应用中运送乘客往返于轨道交通站点与出行起讫点之间，是城市公共交通系统中的一个分支辅助系统。

接驳轨道交通在公共交通系统中虽然是微小的一个组成部分，却对提高公交系统对居民出行吸引力的影响不可小觑。

2010 年，Lownes 等探讨了能够灵活地响应乘客出行需求的接驳轨道交通的公交网络系统，并且针对该接驳网路设计了相应的启发式算法。2000 年，覃煜等人对轨道交通和地面常规公交衔接系统进行研究，提出了两种交通方式衔接状态下的定量评价指标。

灵活的定制化接驳公交路线优化问题是该新型公交运营模式中十分重要的部分，合理的设计线路将各个需求点的预约乘客接送到轨道站点，是定制化接驳公交的核心问题和重要环节。

（1）地铁接驳定制公交：解决用户“最后一公里”问题。

城市不同区域位置的接驳地铁站呈现出不同的接驳特征，如图 9-10 所示。位于主城区的地铁站接驳客流主要源于不同地铁线路间的换乘，或者以步行换乘和公交换乘为主，接驳距离多小于 3km。而位于郊区或主城外围地区的地铁站主要服务于大于 3km 的长距离客流，公交换乘比例较大。为更好发挥地铁的作用，要有目的地加强与其垂直方向的交通方式与地铁的联系。

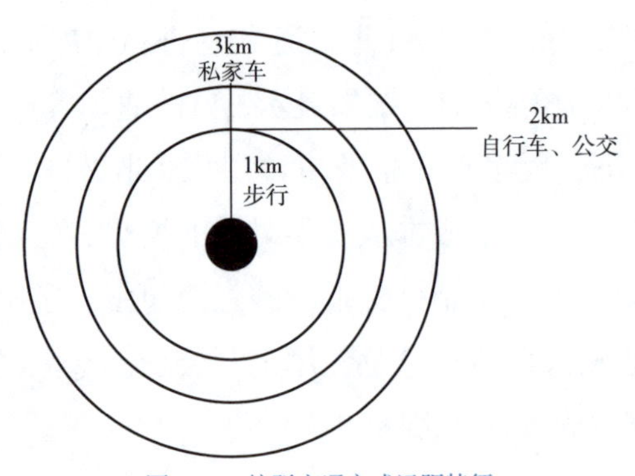

图 9-10　接驳交通方式运距特征

在设计接驳式定制公交时，整体的操作如下：①接收乘客的预约需求。②通过系统确定每个集中需求点所需要服务的乘客数。③在接驳服务开始时，配合轨道交通发车时刻表，制订车辆行驶线路计划。

接驳定制公交属于多目标组合优化问题，要满足需求量最大、运营成本最小、乘客时间成本最小的目标，还要受到接驳定制公交起讫点到达时间约束、车辆容量约束、停靠次数约束等。

（2）机场、高铁站接驳型定制公交：轻松连接客运枢纽与城市中心。

高铁快巴灵活线路结合了常规公交的经济性与需求响应型公交的灵活性，提供个性化的服务。高速铁路相对于长途汽车、飞机等远距离交通方式，享有独立路权且准点率较高，高铁站出站乘客可以根据高速铁路到站时间提前对高铁快巴进行预订。高铁快巴固定线路类似于常规公交，设有固定的路线并且设站即停车；灵活线路主要针对距高铁站较远且需求较多的区域，根据乘客预先提交的需求接送乘客，脱离常规的固定站点提供准“门到门”服务。

开设定制公交线路接驳，通常需要满足以下条件：

①交通需求大：机场和地铁站周边人流量大，需要提供更为便捷的公共交通服务，满足人们的出行需求。

②路线独特：机场和地铁站的位置相对固定，周边区域的交通路线也相对固定，可以针对特定的需求设置定制公交线路，如旅游线路、商务线路等。

③成本效益高：定制公交线路的运营成本相对较高，需要保证客流量足够大，才能保证成本收支平衡或者盈利。

④合作伙伴支持：机场和地铁站可以与当地公共交通公司或者其他运输公司合作，共同开设定制公交线路，共同承担风险，提高合作效率。

（3）医疗定制公交：医院与居民区、老年社区之间的便捷医疗服务。

医疗定制公交是一种为医疗服务而设计的公交服务，提供定制化的医疗服务，以便病人更方便地前往医院或医疗机构进行治疗。

这种公交服务通常由政府或医疗机构提供，其车辆通常装备有必要的医疗设备和药品，以应对紧急情况。医疗定制公交通常为那些需要接受治疗，但由于交通条件不便而无法前往医院的人们提供服务。

医疗定制公交车辆通常配备了一些基本的医疗设备和药品，例如急救箱、心电图机、氧气瓶、体温计等。这些设备可以在紧急情况下为患者提供及时的急救服务。此外，医疗定制公交车辆还配备有舒适的座椅和床铺，确保患者在车上能够在舒适的环境得到足够的休息。

医疗定制公交服务通常需要提前预约，以确保车辆可以在需要的时间和地点到达。患者可以通过电话或在线预约系统预约服务。预约时，患者需要提供一些基本信息，例如姓名、地址、电话号码、需要前往的医院或医疗机构等。

就医公交专线可以根据就医人群的出行时间特征，合理安排发车时间，实现就医专线错峰通行。同时专线沿途及站台配备座椅、摄像机、急救用品与急救电话，便于及时通报事故并发出求救呼叫；还可以另外选用患者友好的新型公交车，保证医疗设备顺利运送，为视力障碍者提供语音式报站牌和盲文路线图等。在专用道上采取中心隔离措施，保证公交运行效率与行人安全。此外，就医公交站点的设置需要结合周边设施的位置特点来确定，照顾到更多人群，步行至站点的距离最好控制在300m范围左右。为节省城市早晚高峰时段宝贵的道路资源，就医公交的运营时间要严格控制。主线运营时间大约在07:00—19:00范围内；副线数量较多，涉及区域小且复杂，因此不必要过长的运营时间，大约在08:00—18:00范围内。工作日早晚高峰时段的发车间隙约为6min，周末的发车间隙约为9min。相比于常规公交，就医公交运营时间较短。

现在国内外均开通了一些医疗定制公交，例如美国费城的公共交通机构SEPTA，其医疗定制公交服务主要面向老年人、残障人士以及有特殊需求的人群，该服务提供门到门的接送服务，通过预约的方式为用户提供定制化的公交服务。英国伦敦的Community Transport是一家英国的公共交通公司，其医疗定制公交服务主要面向残障人士、老年人和有特殊需求的人群，该服务提供24小时的预约服务，用户可以根据自己的出行需求选择合适的车型，包括轮椅出行车、普通小巴和豪华巴士等。日本长崎县医疗定制公交服务主要面向有疾病或残障的人群，该服务提供特殊的车型，以确保患者的安全和舒适度，同时，该服务还提供专业的医疗护理人员随车服务，为患者提供必要的医疗护理服务。中国上海的智能医疗定制公交服务主要面向老年人、残障人士以及有疾病的人群，该服务提供24小时的预约服务，用户可以通过手机App进行预约和支付，同时，该服务还配备了智能化的车辆监控和健康监测系统，以确保用户的安全和健康。北京石景山医院社区服务中有一项为老年人提供的医疗定制公交服务，该服务由北京石景山医院社区卫生服务中心提供，旨在帮助老年人更方便地前往医院进行治疗，该服务由专门的医疗团队负责，车辆上配备有必要的医疗设备和药品，例如血压计、血糖仪、急救箱等。

总之，医疗定制公交服务是一种贴心和便利的公共交通服务，旨在满足老年人和有特殊需求的人群的出行需求。不同国家和地区的医疗定制公交服务有所差异，但都致力于提供更为专业、舒适和便捷的公共交通服务。

（4）旅游定制公交：定制旅游线路，深度游览城市风景名胜区。

随着我国经济的发展，节假日旅游越来越受到人们的喜爱。带动经济发展的同时，假期旅游也极大地增加了交通网络的负担。尤其是长假期间，各旅游城市的交通需求给城市的交通网络造成了极大的压力。设置旅游公交专线的主要目的是为景点间移动的游客提供服务，它连接的应该是城市的主要景点，同时又能使游客通过一次乘车到达任何一个主要景点。

城市旅游景点相对比较分散，尤其是相当一部分旅游景点坐落在比较偏僻的城市边缘，因此在城市景点的公交服务可达性很差。为了改善城市旅游交通条件，为游客提供完善的公交服务，设置旅游公交环线使游客在景点间移动时享受一站式的公交服务是必要的。

部分城市已经开通了旅游公交环线，例如山东省济南市当地文化和旅游局与交通运输局、济南公交联合开通了97条旅游公交直通车；郑州市为了缓解近郊旅游景点周边区域停车位有限造成的停车困难现象，方便市民、游客节假日出行，推出了郑州近郊游“节假日定制公交”班线，公交商务旅游班线服务；北京市也设置了环球度假区定制公交，可以自由选择巡游区域，自选上下站点组合。

二、定制公交线路开通的关键指标分析

1.OD匹配度

公交客流OD在城市公交系统优化中起着重要的作用，可以为交通管理者提供公交线路调整、公交调度调整、公交运营改善及资源优化等提供重要数据。收集到的OD数据格式见表9-3。

OD数据格式 表9-3

字段名称	含义	字段名称	含义
ID	唯一订单编号	ETIME	出行结束时刻
DATE	订单产生日期	ELON	出行终点经度坐标
STIME	出行起始时刻	ELAT	出行终点纬度坐标
SLON	出行起点经度坐标	PASS-MILE	行程距离
SLAT	出行起点纬度坐标		

出行OD即表示用户出行的起始和终点的路线。经过数据清洗，数据具有一定的规范化，以便实现公交上、下站点估算和地铁上、下站点匹配，充分、完整地预估每个用户的每一次出行记录，最大化保留研究样本，实现“高匹配、少丢失”的目的，精准地还原用户的每一次出行轨迹。

OD匹配度阈值是一个关键参数，它用于确定乘客需求与定制公交服务之间的匹配程度。OD匹配度阈值可以简单地理解为在一个时间段内，乘客出发地点和目的地点与定制公交服务点之间的最大距离。如果乘客的出发地点和目的地点与最近的DRT服务点之间的距离小于该阈值，则该乘客的需求与DRT服务匹配成功。否则，该乘客的需求将被视为无法满足。

在实际应用中，OD匹配度阈值设置的大小会影响到定制公交服务的覆盖率和效率。如果设置的阈值较小，那么乘客的需求很可能难以与定制公交服务进行匹配，导致服务覆盖率较低。另一方面，如果设置的阈值较

大，那么很可能会导致定制公交服务的效率降低，因为定制公交车辆需要在更远的距离内服务更少的乘客。

因此，确定 OD 匹配度阈值的大小需要考虑多种因素，包括定制公交服务的需求量、服务范围、车辆数量、路网情况、乘客出行特征、乘客的时间限制等。

一般来说，需要通过实验和模拟等方法来确定最佳的 OD 匹配度阈值，以达到最优的服务效果。使用聚类分析可以识别具有相似出行需求的乘客群体，然后根据每个群体的出行特征（如时间限制和目的地），确定一个合适的 OD 匹配度阈值。在确定阈值时，可以考虑以下两个指标：①OD 匹配度的平均值：此指标可以帮助确定平均匹配度，并为不同客流量的乘客群体提供更精确的服务；②OD 匹配度的标准差：此指标可以帮助确定是否存在客流量较小的乘客群体，这些乘客群体需要更高的匹配度阈值。

在确定阈值后，可以使用模拟方法来评估模型的效果。模拟时，可以随机生成一组出行需求，然后使用模型来分配乘客到公交线路上。最后，可以计算分配结果的平均 OD 匹配度和匹配度的标准差，以评估模型的效果。

2.满座率要求

满座率是指公交实际载客人数（断面最大值或平均值）与公交荷载容量的比值，反映了车辆利用率以及资源供给与乘客需求之间的匹配度，也是体现城市公交服务质量的重要指标。

线路的开通有最低人数要求，一般为 20~30 人左右，只有达到指定人数，定制公交企业才能盈利。2022 年 7 月从北京市燕郊北三县到国贸地区的定制公交上座率高达 99.3%。而 2015 年 7 月广州市多条定制公交线路上座率均不足 60%，做好宣传运营，提升服务水平，是提升满座率的关键。

满座率也是衡量该线路是否开行的重要指标，以济南市某定制公交线路为例，公交公司按照 50 人售票，定制公交的座位数在 30 个左右，满座率达到 40% 左右就开始申请开通新线路。

3.客流分担率

通过各种交通方式所承担的交通量比重，反映交通需求的特点，是交通发展模式的重要特征指标。Logit 模型被广泛运用在交通客流分担率预测上。乘客在选择交通方式时主要考虑的因素有多种，曾曦、王慈光考虑到快捷性 A_i、安全性 B_i, 胡郁葱、徐建闽、靳文周等人考虑到舒适性 C_i、经济性 D_i，米均考虑到了方便性 E_i，谢如鹤、邱祝强、李庆云等人考虑到了环境友好性 F_i，最后采用加法和乘法原理来计算效用值 v_i，如果各种因素之间相互独立，可以采用加法原理，如果各种因素都较优时，适合采用乘法原理求解。

计算各类交通方式的效用值 v_i。

$$v_i = B_i \times (A_i + C_i + D_i + E_i) \times F_i$$

将效用值代入 Logit 概率选择基本模型：

$$P_i = \frac{e^{v_i}}{\sum e^{v_i}}$$

用此方法计算开通定制公交前后各种交通方式的分担率。根据分担率的变化，可以明显地看出开通定制公交是否必要。

4.定价策略

定制公交的定价策略也是线路设计需要考虑的重要因素。杜金宝、任华等基于乘客需求的分配，提出弹性需求下基于策略的公交定价和多种交通方式需求分离条件下的公交定价两种票价优化方式，通过计算得出了运营收入最大时的最优票价。管维新分析了博弈论在定制公交定价中的适用性，建立了运营企业、政府与乘客的三方博弈模型，得出了最优组合方式，将结果应用于深圳市定制公交的优化改进分析。

首先，定制公交票价应该根据乘客的需求和出行距离等因素综合考虑。传统公交车的票价通常是根据固定的路线和距离进行制定的，而定制公交的服务范围和路线都比较灵活，需要根据实际情况进行调整。例如，对于定制公交的长期忠诚用户，可以设计优惠政策，如提供折扣或减免部分费用的方式，以鼓励乘客持续使用该服务。

其次，定制公交票价还应该考虑到市场竞争的因素。随着定制公交市场的不断扩大，越来越多的运营商进入市场，竞争也日益激烈。因此，在制定票价时，还需要综合考虑市场供求情况、运营成本、服务质量等因素，以确保票价的合理性和竞争力。

最后，定制公交票价还应该采取灵活的调整机制。定制公交服务的特点是灵活性强，可以根据市场需求和实际运营情况进行调整。因此，在票价定制方面，也需要采取类似的灵活调整机制，根据实际情况进行调整。例如，可以根据季节变化、客流量的变化等因素进行调整，以确保票价的合理性和公正性。

（1）各城市定价现状。

票价在满足政府与企业利益的同时，应具有公平性和稳定性。目前，我国已经有多个城市相继开通定制公交。每个城市的定制公交票价有所差异，主要是因为不同城市的公共交通系统运营成本和需求量不同，并且不同城市的交通规划和政策也会影响票价的制定。

部分城市定制公交票价对比见表 9-4。

各城市定价表　　表 9-4

城市名称	票价	备注
北京	8 元 / 人次，单程 20km（含）以内； +3 元 /5km，单程 >20km	月卡是可以一次性购买一个自然月所有工作日的车票，享受 7 折优惠； 次卡是一次性购买单个或多个工作日的车票，一次性购买 5 个（含）以上工作日的票，享 8 折优惠，1~4 天享 9 折优惠； 预售线路购票享 7 折优惠； 新线路开行当月享 7 折优惠； 预售线路自预订之日起 80 个自然日内仍未开通，系统将自动全额退款； 由于市政施工、交通管制等外界因素影响，造成定制公交行驶路线调整，使乘客无法实现乘车目的，应乘客要求可全额退还剩余票款； 由于运营方原因，造成定制公交线路暂停或撤销的，可全额退还剩余票款

续上表

城市名称	票价	备注
北京		由于乘客原因，无法继续乘坐已购票线路，乘客可自助申请退还已购剩余乘车日的票款。对于当日车票的退款，应在发车 10min 之前提出申请并完成退款，逾期不可退款。每张订单限申请退款一次。退款根据订单实际支付金额，按车票类型折扣价扣除已发生乘车费用，余款金额扣减退款手续费后剩余部分予以退还。已使用的优惠券不予退还； 被确认属于恶意退款的，将列入黑名单
廊坊	3 元 / 人次，单程 15km（含）以内； +1 元 /5km，单程 >15km	实行不同线路统一票价、单一票制，空调车 2 元 / 人次
南昌	企业专线： 3 元 / 人次，单程 5km（含）以内； +1 元 / 人次，单程 >5km 旅游专线： 20 元 / 人次，单程 40km（含）以内；15 元 / 人次，单程 30km（含）以内；10 元 / 人次，单程 20km（含）	享受折扣购票不予退票； 单次购买在发车 2h 外的收取票价 20%
天津	35 座标准： 6.75 元 / 人次，单程 15km（含）以内； +3 元 /5km，单程 >15km 20 座标准： 12 元 / 人次，单程 15km（含）以内； +3 元 /5km，单程 >15km	整季度预定享 9 折优惠
广州	3 元 / 人次，基础线路； +0.5 元 /1km	—
郑州	3 元 / 人次，单程 10km（含）以内； +2 元 /5km，单程 >10km	以月为单位购买，隔月作废； 预定整月双程，享受 9 折优惠

首先，不同城市的公共交通系统的运营成本是不同的。运营成本包括车辆购置费、燃油费、维护费、人工成本等。这些成本的不同会直接影响

到定制公交票价的制定，因为公共交通系统必须要通过票价来弥补运营成本。

其次，不同城市的公共交通需求量也不同。需求量是指城市居民对公共交通的需求程度。一些城市的公共交通需求量很大，需要投入更多的资源和资金来满足需求，这会直接导致票价相对较高。而一些需求较小的城市可能会通过制定低票价来吸引更多的乘客。

此外，不同城市的交通规划和政策也会对票价产生影响。一些城市可能会通过政策手段来鼓励公共交通的使用，例如设置低票价或提供优惠政策。而其他城市可能会实施不同的政策，例如建设更多的高速公路或鼓励私家车使用，这可能会导致定制公交票价相对较高。

综上所述，每个城市的定制公交票价有所差异，主要是因为不同城市的公共交通系统运营成本和需求量不同，以及不同城市的交通规划和政策也会影响票价的制定。

（2）灵活定价模式。

定制公交票价制定时在考虑到企业自身利益的同时，要考虑乘客可以接受的支付范围。

如图 9-11 所示，对于乘客 B 而言，乘坐普通公交价格低廉的同时，步行距离较短，所以这类乘客不会选择定制公交；但对乘客 A 而言，从起点出发，乘坐公交车还需要中间换乘；对于乘客 C 而言，没有公交车可乘坐，只能选择步行或者乘坐出租汽车。

乘客在选择出行方式时，一般综合考虑时间窗和价格窗。具体来讲，定制公交的票价可以根据盈利期望调高或降低上界，而其下界是保证定制公交企业生存的最低盈利标准。

定制公交在不同发展阶段的目标并不相同，运营初期的主要目标是为了吸引客流，价格普遍偏低；随着定制公交线网的逐渐形成，其运输成本不断下降，服务水平不断提高，定价策略也要随之调整，可以选择根据客流量和线路实际运营状况差别定价，合理制定票价。

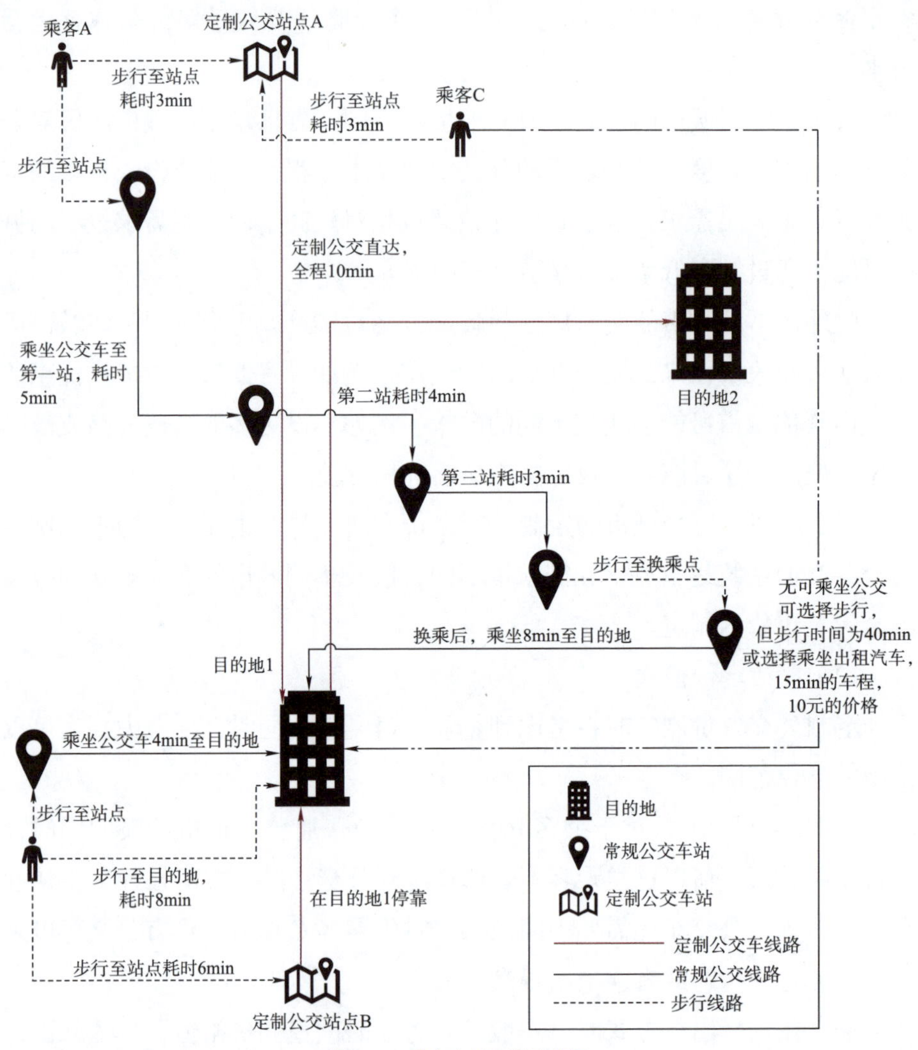

图 9-11 乘客出行选择示意图

第三节 定制公交开线创新

一、客货一体定制公交

针对稀疏客流地区公交运营难的问题，在分析典型稀疏客流地区的交通特性的基础上，通过客货共享运输模式和动态定制公交调度方法的应用，实现以货补客、客货同营的运营目标（图 9-12）。

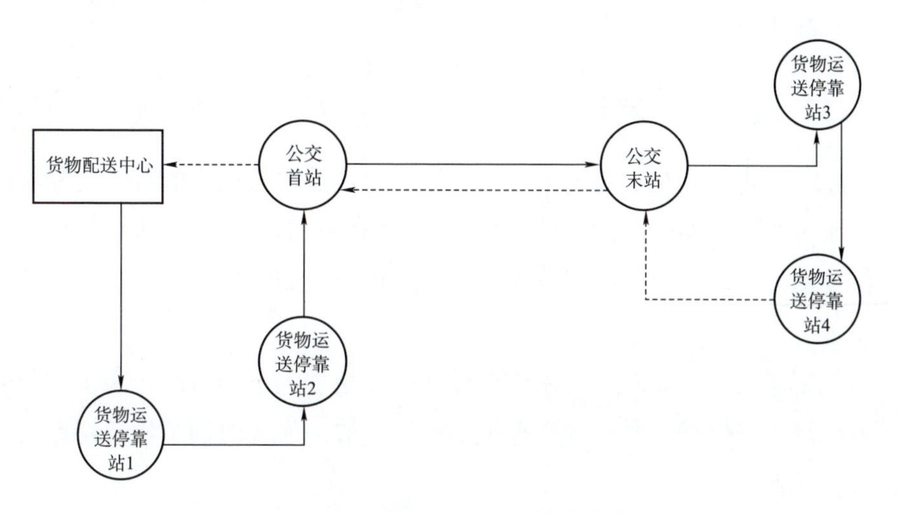

图 9-12　客货一体车辆行驶流程图

客货共享运输模式是 A Trentini 等人于 2010 年提出的应用于城市物流系统的新的运输模式，之后也有部分学者对此进行研究。A Trentini 等提出客货共享的概念是利用公共交通的闲置能力来向城市核心配送货物，同时分析了客货共享运输可行性。

A Trentini等构建了一个共享旅客和货物流之间的运输资源运输模型，将客运和货运流量整合到现有城市交通系统中，并对此种重叠进行表征，即将两种流量进行量化。为了解决两层交通问题，R Masson 等构建了数学模型及相应的自适应大邻域搜索算法。在第一层，货物在城市公交车中从配送中心运输到一组公交车站。主要思想是利用公交车的剩余容量将货物运送到市中心：在第二层中，最终货物由接近零排放的城市货运船队分配。E Fatnassi 等为了研究在城市地区整合共享商品和按需乘客快速运输系统的潜力，基于个人快速运输和货运快速运输的共同特点，提出了一种快速有效的运输解决方案，来提高城市物流的可持续性。贺韵竹等以最优的快递运输总成本为目标，构建了一种自营货车与公交车协同配送的优化模型。

在乘车需求分布广且需求密度低的稀疏客流地区，客运车辆的载客率往往较低。若在稀疏客流地区进行客货联运，将能提高车辆的使用效率，减少车辆使用数。

二、城乡一体定制公交

常规公共交通对于客流集中的主城区的覆盖率较高，而对客流分散的农村地区的覆盖率较低。主城区线路较为集中，而乡村地区线路较少，站点覆盖率较低，公交服务质量差，存在大量未规划区域以及规划不合理的路线。

近几年来，城乡发展一体化进程已经开始进入了新阶段，为了方便居民出行，我国倡导城乡客运资源统筹配置发展。城乡路网结构及特点的具体内容见表 9-5。

城乡路网结构及其特点 表 9-5

路网结构	图示	特点与性能
树状		一般应用于城区到乡镇、乡镇到行政村的情况，要求城区各乡镇对于周边有足够的吸引力
星状		主要用于突出城市与周边的联系紧密程度，应用于城区与周边乡镇的联系
轮轴状		一般应用于城区与乡镇及乡镇与乡镇之间，强调乡镇间的联系
通道状		一般仅用于表达城区与郊区的联系，是一种较为粗略的路网表达形式

当前大部分城乡客运模式主要是传统定点定线公交和城乡长线客运公交。区别于过往，现在劳动力开始从农村向城市转移，农村客流大多是上

下学的学生以及节假日的旅游游客。

城乡公交线网通常以节点和线路构建，前者是不同层级的客流集散枢纽，后者是公交网络骨架，其相互的连接会形成辐射网络与环形网络两种基本形式，即“放射状—树状”“轮轴—环形”两种一体化线网结构。其中，辐射网络具有可避免不必要连接、有效降低成本等先天优势，而环形网络则具有节点间相互连接紧密的优势。在此基础上，以“不完全”网络结构的思路，整合辐射网络和环形网络的优点，既保证纵向沿节点层级延伸的轴向覆盖，又在保证节点间的横向联系路线的同时，在不必要连接的节点间断开，以减少不必要的资源浪费。确定城乡分层级节点，根据节点需求依据其规模、容量、交流强度等构建公交的“不完全网络”，可能成为未来城乡公交线网结构一体化的有力手段。

本章参考文献

[1] 徐康明，李佳玲，冯浚，等. 定制公交服务初探 [J]. 城市交通，2013, 11(5): 24-27.

[2] CAO Y, WANG J. The Key Contributing Factors of Customized Shuttle Bus in Rush Hour: A Case Study in Harbin City [J]. Proceedia Engineering, 2016, 137: 478-486.

[3] 王俊培. 大城市定制公交服务体系研究 [D]. 西安：长安大学，2014.

[4] KOGA H, ISHIBASHI T, WATANABE T. FAST Agglomerative Hierarchical Clustening Alforithm Using Locality-sensitive Hashing [J]. Knowledge and Information Systems, 2007, 12(1): 25- 53.

[5] KHALID S, RAZZAQS. TOBAE: A Density-based Agglomerative Clustering Algorithm [J]. Journal of Classification, 2015, 32(2):241-267.

[6] 王周全. 基于 IC 卡数据与 GPS 数据的公交客流时空分布研究 [D]. 成都：西南交通大学，2016.

[7] 杨秀华. 基于准实时客流信息的公交调度优化研究 [D]. 长春：吉林大

学, 2008.

[8] 孙旭. 公交IC卡数据分析和数据仓库构建研究[D]. 长春: 吉林大学, 2008.

[9] 尹长勇, 陈艳艳, 陈绍辉. 基于聚类分析方法的公交站点客流匹配方法研究[J]. 交通信息与安全, 2010(3): 21-24.

[10] 于勇, 邓天民, 肖裕民. 一种新的公交乘客上车站点确定方法[J]. 重庆交通大学学报: 自然科学版, 2009, 28(1): 121-125.

[11] 徐文远, 邓春瑶, 刘宝义. 基于公交IC卡数据的公交客流统计方法[J]. 中国公路学报, 2013, 26(5): 158-163.

[12] MA X, LIU C, WANG Y, et al. Understanding commuting patterns using transit smart card data[J]. Journal of Transport Geography, 2017, 58: 135-145.

[13] SHOU Z, DI X. Similarity analysis of frequent sequential activity pattern mining[J]. Transportation Research Part C, 2018, 96: 122-143.

[14] 徐康明, 李佳玲, 冯浚, 等. 定制公交服务初探[J]. 城市交通, 2013, 11(5): 24-27.

[15] 曾曦, 王慈光. Logit模型的改进及其在客流分担率预测中的应用[J]. 长沙交通学院学报, 2007, 23(4): 8-10.

[16] 胡郁葱, 徐建闽, 靳文周. Logit模型在评估旅客客运票价中的应用[J]. 公路交通科技, 2001, 18(6): 23-15.

[17] 陈汐, 王印海, 代壮, 等. 基于多源城市交通出行数据的定制公交需求辨识方法研究[J]. 大数据, 2020, 6(6): 111-124.

[18] LI Z J, SONG R, HE S W, et al. Methodology of mixed load customized bus lines and adjustment based on time windows[J]. P Lo S One, 2018, 13(1).

[19] 胡郁葱, 陈栩, 罗嘉陵. 多起终点多车型混载的定制公交线路规划模型[J]. 广西师范大学学报(自然科学版), 2018, 36(4): 1-11.

[20] SUN Q, CHIEN S, HU D W, et al. Optimizing multi-terminal customized

bus service with mixed fleet [J] . IEEE Access, 2020, 8:156456-156469.

[21] HUANG D, GU Y, WANG S A, et al. A two-phase optimization model for the demand-responsive customized bus network design [J] . Transportation Research Part C: Emerging Technologies, 2020, 111: 1-21.

[22] 马昌喜 , 郝威 , 沈金星 , 等 . 定制公交线路优化综述 [J] . 交通运输工程学报 , 2021, 21(5): 30-41.

[23] 冉江宇 , 付凌峰 , 阚长城 , 等 . 基于通勤大数据的城市职住分离度研究——《2020 年全国主要城市通勤监测报告》核心指标分析 [J] . 城市交通 , 2020, 18(5): 10-17.

[24] 郭晨 . 面向轨道交通的灵活型接驳公交站点选址研究 [D] . 济南 : 山东大学 , 2015: 31-33.

[25] Schofer J L, Nelson B L, Eash R, et a1. Resource Requirements for Demand-Responsive Transportation Services [J] . Tcrp Report, 2003.

[26] 覃煜 , 晏克非 . 轨道交通与常规公交衔接系统分析 [J] . 城市轨道交通研究 , 2000 (2): 44-48.

[27] 黄迪 , 顾宇 , 黄凯 , 等 . 需求响应型定制公交研究综述与发展对策[C]. 交叉创新与转型重构: 2017 年中国城市交通规划年会 . 上海 : 中国城市规划学城市交通规划学术委员会 , 2017: 1-12.

[28] 马继辉 , 王飞 , 王娇 , 等 . 定制公交站点和线路规划研究 [J] . 城市公共交通, 2017: 1-12.

[29] 苏跃江 , 周芦芦 , 韦清波 , 等 . 突发公共卫生事件下交通管理对策的思考 : 以广州市为例 [J] . 城市交通 , 2020, 18(3): 28-32.

[30] 徐婷 , 姜瑞森 , 李洪庆 , 等 . 矩形网格道路多模式公交线网布局优化研究 [J] . 重庆交通大学学报 (自然科学版), 2019, 38(10): 108-115.

[31] MASSON R, TRENTINI A, LEHUEDE F, et al. Optimization of a city logistics transportation system with mixed passengers and goods [J] . EURO Journal on Transportation and Logistics, 2017, 6(1): 81-109.

[32] FATNASSI E, CHAOUACHI J, KLIBI W. Planning and operating a shared goods and passengers on-demand rapid transit system for sustainable city-logistics [J]. Transportation Research Part B: Methodological, 2015, 81(Part 2): 440-460.

[33] 贺韵竹，杨忠振. 自营货车与公交车协同快件配送优化 [J]. 交通运输工程学报，2017, 17(6): 97-103.

[34] TRENTINI A, MAHLENEN. Toward a shared urban transport system ensuring passengers & goods cohabitation [J]. TeMA, 2010, 3(2): 37-44.

[35] ALUMUR S, KARA B Y. Network Hub Location Problems: The State of The Art [J]. European Journal of Operational Research, 2008(1): 1-21.

[36] ALUMUR S, KARA B Y, KARASAN O E. The Design of Single Allocation Incomplete Hub Networks [J]. Transportation Research Part B, 2009(10): 936-951.

[37] 谢成辉，杨冰. 城市公共交通发展新趋势 [J]. 中外公路，2001, 21(2): 49-52.

[38] 曹炎，徐立泉，万逸飞，等. 北京定制公交服务的实践和发展 [J]. 城市公共交通，2016, (1): 16-18.

[39] 杜金宝，任华玲，高亮，等. 多方式交通条件下基于策略的公交定价方法 [J]. 山东科学，2013, 26(3): 95-100.

[40] 管维新. 基于博弈论的定制公交票价制定研究 [D]. 成都：西南交通大学，2016.

[41] LI J, YONG B L, MA J H, et al. Factor Analysis of Customized Bus Attraction to Commuters with Different Travel Modes [J]. Sustainability Volume 11, Issue 24. 2019.

第十章 调查与需求预测方法

一个城市或一个区域当中的出行需求数据是各种交通方式布局和道路资源分配的关键参考资料之一。对于定制公交系统来讲，出行需求量和出行需求的分布特征是决定其是否应该开通一条新的路线的重要影响因素。

第一节 出行需求影响因素

出行需求的产生和变化，受多种因素的影响。主要包括：

（1）社会因素。交通生成受人口数量影响，人口增长的地区其未来出行生成量也会相应地增长。人口增长包括出生人口与死亡人口之差和流入人口与流出人口之差。例如，北京作为典型人口流入型城市，其出行需求随人口增长而增长，但每逢春节，又由于其人口大量流出，其出行需求量下降。经济越发达，人们的交通需求越高，因为恩格尔系数较低，人们有余力去进行旅行、购物等活动。

（2）土地利用。商业型用地的出行生成和出行吸引量巨大，办公用地、工业用地是工作日通勤活动的主要交通产生点，其中企业规模越大，交通需求量越大。其交通生成具有明显的潮汐性，早高峰大量吸引，晚高峰大量生成，与居住用地的潮汐特性正好相反。这些性质的地区可以根据其出行者出行具有规律的往返性预测其对应时段的交通需求。

（3）家庭属性。随着家庭规模的增大，人均出行次数减少。老人和幼儿在家庭中所占比例越高，就医出行需求可能性越大，反之可能基于通勤的出行需求量更大。男性出行次数多于女性。汽车保有量越高，出行需求越高，因为出行需求高的人购买汽车的想法越强烈，并且购买汽车会激励出行。职业方面，教师、工人等稳定职业平均出行次数较少，相对的无固定职业的人一般出行次数较多。此外收入越高，往往平均出行次数越多。

（4）自然因素。炎夏、寒冬、雨雪、大风、沙尘等环境会降低人们的出行欲望，风和日丽、春暖花开的天气则会吸引人们出行。

人们对交通方式的选择同样受到多方面的影响。距离上由近及远，步行、自行车、电动车、公交车、小汽车竞争力依次增强，在速度上同样依次增强。票价上定制公交高于常规公交但低于出租汽车。油价变化也对出行者是否选择自驾出行有较强的影响。如果基于舒适度考虑，人们更倾向于定制公交、出租汽车或自己驾驶车等方式。出行者出行方式的选择同时受多种因素影响，是出行者权衡利弊之后所决定的。

定制公交的潜在需求可以根据不同人群对不同交通方式的偏好，联系其个人属性从整体的交通需求中进行筛选。

本章第二节介绍常用来筛选定制公交潜在需求的出行数据，第三节介绍如何融合多源数据识别定制公交潜在的需求，第四节为路线能否持续性存在考虑，介绍定制公交需求的预测方法。

第二节 出行需求数据来源

出行需求数据来源多种多样，也各有利弊，应根据实际情况选择合适的数据。本节概述常用的四种出行需求数据：问卷调查数据、手机信令数据、公交 IC 卡数据和网约车需求响应数据，包括用这些数据来进行需求分析的优缺点以及相互之间的互补性，供读者在进行定制公交需求识别的任务时，选择适合的出行数据类型。得到目标类型数据之后，再根据下一节的定制公交需求识别方法筛选出定制公交的潜在需求。

一、问卷调查数据

问卷调查法是相对传统的调查方式之一，具有高效、客观、统一、广泛等优点。

高效：可通过报刊刊登、邮寄、问卷小程序、集体发放问卷调查表等方式进行问卷调查表的发放和回收。

客观：问卷调查一般不需要填写者登记个人隐私信息，因此参与调查者可以真实表达自己的选择和建议。

统一：所有问卷参与者收到的问题相同，方便调查者进行归类比较。同时又可以收集到不同时间价值和出行习惯群体的反馈。

广泛：可以不受人数、局域限制，结果分析更全面。

问卷调查在交通运输领域更多地用于收集受访者当前出行行为（RP）和选择偏好意愿（SP），以便于更好地调整交通供给和分析交通需求影响因素。

但是问卷调查法还具有不可避免的缺点，具体表现在：

（1）参与者的回答受到问卷设计者预设问题的限制，无法全面准确地表达意。

（2）选择任何一种调查媒介都会存在受众群体类型不均衡的情况。比如大学生比例过大或者高收入群体比例过小等问题。

（3）问卷可被大量发放，但是回收率方面往往得不到保证。

（4）无法确保参与者有耐心地回答全部问题，得到真实有效的信息。

问卷调查得到的数据包括个人的选择偏好和出行行为习惯等主观因素，其他数据则大多显示数据空间 - 时间分布的客观情况，缺乏建成环境、潜在客户家庭背景、个人倾向等因素。因此问卷调查数据和其他类型的数据相结合能更好地分析定制公交潜在需求的量及时空分布。

二、手机信令数据

与传统的交通调查方式相比，手机信令数据具有抽样率更高、数据更准确的特点，能够较好地弥补问卷调查的不足，有助于更全面地掌握城市交通需求状况。

可根据信号来源的基站坐标和不同基站之间反馈信号的时间差得出指

定时间用户的位置，进而得出用户的空间位移链，将用户的时空转移认为是该用户的交通需求。理论上讲，基站密度越大，反馈的时空信息越准确。

手机信令数据存在地址模糊、出行目的不确定、无交通方式信息等局限，因此很难替代传统的居民出行问卷调查。充分融合手机信令和问卷调查数据的优点，有助于更高效地分析城市居民出行特征和预测出行需求的时空分布。

手机信令数据可以反映用户出行的真实起讫点，而不是周边公交车站或者用户人为设定的上车地点。真实的出行起讫点可以帮助定制公交选择更合适的站点和路线，降低运行成本，提高市场竞争力。

三、公交 IC 卡数据

公交 IC 卡数据包括乘客登上或离开公交车的时间、所缴费用等信息，大部分常规公交采取上车收费管理策略，下车的时间和地点并没有被记录下来。很多选择公共交通的乘客出行过程中常常需要换乘才可以到达目的地，即使可以识别大部分完整的出行链，仍然存在估计误差及误差遗传等问题。因此，有许多学者基于公交 IC 卡进行出行起讫点估计或出行链闭合的研究。

研究表明，公交换乘乘客，以及乘坐非直线系数较大的公交线路的乘客，都是定制公交潜在需求用户。

四、网约车需求响应数据

网约车平台提供的订单数据包括出发点和目的地、叫车时间、到达时间等关键信息。出行订单数据量十分庞大，一个大型城市每天就能产生数十万个的网约车订单，较为准确地反映出城市网约车用户的出行特征，便于分析大量响应出行需求的时空分布情况。

网约车订单数据相较于公交 IC 卡数据和手机信令数据，具有出行起讫点更加精确的优点。常规公交出行的下车站点往往不能直接从数据中读取，需要推算。而且常规公交出行中，换乘会打断完整的出行链，推算真实 OD 的难度增加。手机信令数据同样需要技术手段推算职住位置。网约车数据的起讫点信息直接由手机上传，不存在后期推算过程中系统不确定性。网约车和定制公交在运营模式和客户的需求特征上存在很多相似之处，韩志玲认为原公交用户及网约车用户都有向定制公交转移的可能性，且是定制公交开通后主要客流来源，通过挖掘网约车用户，识别定制公交的潜在需求。

第三节　潜在需求识别方法

潜在的定制公交需求是定制公交站点选址、路线规划和车型选择等方面的基础数据之一。从城市各种交通方式的出行需求中筛选出潜在的定制公交需求，可在一定程度上解决现有定制公交系统中需求采集被动的问题。

生活中人们的出行行为按目的可以分为通勤行为、购物行为、就医行为、休闲娱乐等。人们在不同的生活场景，对出行具有不同的需求，通勤人群希望出行时间更短、到达时间更准，如果是长距离的情况下，希望换乘次数更少；在火车站、机场等交通枢纽，定制公交被期望给予更短的步行距离；为应对集会等大型活动，则希望人群可以被快速疏散，购物等场景则希望其更加灵活等。其中通勤行为具有较强的规律性、目的性，与定制公交乘客主要具备的特征不谋而合，因此很多学者通过研究通勤行为的识别去推测定制公交的潜在需求。研究数据主要来自上一节所介绍的：问卷调查、手机信令、公交 IC 卡和网约车需求响应数据。其中，问卷调查不同于其他三种方式的以大量历史数据为基础展开，而是从受访者主观意识层面出发，挖掘年龄、性别、家庭收入、工作性质、通勤时间、步行距离、建成环境等因素对出行者在定制公交与常规公交、地铁、网约车、自驾车等多种出行方式之间选择的作用关系。通过问卷调查进行的关于交通出行方式选择的研究，对以其他方式进行的定制公交潜在需求的挖掘具有不同视角的参考意义。

影响定制公交潜在出行需求的两个因素：原出行方式的出行基数和出行方式转移意愿。对此，王子懿等人将问卷调查与出行者出行时空分布大数据结合，研究不同场景下出行者交通方式选择由其他方式转移到定制公交的转移率，发现通勤场景下很大比例人群愿意由原交通方式转移到定制公交出行。陈汐等人也表示通勤用户是定制公交主要需求来源。因此可通过筛选通勤数据挖掘定制公交部分潜在需求。

本节介绍如何根据出行需求数据识别定制公交潜在需求。首先介绍从手机信令数据和公交 IC 卡数据中提取出行产生的 OD 矩阵及出发和到达的时间，其次介绍从 OD 矩阵中提取出在定制公交潜在需求中占较大比例的通勤行为数据的方法。

一、手机信令数据

手机信令可以提供用户手机的唯一识别码、基站编号、接收到信令的时间、信号来源所对应基站的经纬度等信息。信令数据用于分析城市用户出行行为时，要求精度高、信号连续，而手机信令数据中存在很多精度较低、偏差较大、信号断断续续的数据，又因为编码、时间等数据显示需要简化。因此首先要进行数据清洗。

可参考田万利的数据清洗方法。首先，由于数据在时间上具有不均匀性，一些时间段的信息密度较大，一些时间段的信息密度稀疏，因此需要对定位数据等时间间隔化处理，将手机信令数据以相同的时间间隔表现出来，将选定的时间间隔称作时间分片，用 T 表示（表 10-1、图 10-1）。时间顺序相邻的手机信令有以下三种情况。

在 1min 时间分片下手机信令数据产生点数据表 表 10-1

数据点号	1	2	3	4	5
时间	00:00:20	00:00:30	00:00:40	00:01:10	00:04:50
经度	A	B	C	D	E
纬度	a	b	c	d	e

图 10-1　在 1min 时间分片下手机信令数据产生时间样图

（1）时间顺序相邻的点位于同一个时间分片内，如图 10-1 数据 1、2、3。

（2）时间顺序相邻的点位于相邻的时间分片内，如图 10-1 数据 3、4；

（3）时间顺序相邻的点位于不相邻的时间分片内，如图 10-1 数据 4、5。

如为情况（1），继续寻找下一个数据点，直至找到不在同一个时间分片的数据点，图中即 4 号数据点。将刚才一段时间分片的 s 个数据点集合合并成一个点数据，包括定位时间 p_{ni}^{t}、定位经度 p_{ni}^{x}、定位纬度 p_{ni}^{y}，其计算公式如下：

$$p_{ni}^{t} = \lfloor p_{ni}^{t}/T \rfloor \times T$$

$$p_{ni}^{x} = \frac{\sum_{i}^{k} p_{ni}^{x}}{s - i + 1}$$

$$p_{ni}^{y} = \frac{\sum_{i}^{k} p_{ni}^{y}}{s - i + 1}$$

式中，“$\lfloor\quad\rfloor$”为向下取整，如 $\lfloor 66/67 \rfloor=0$。

如为情况（2），可按照如下公式修正：

$$p_{ni}^{x} = \lfloor p_{ni}^{x}/T \rfloor \times T$$

$$p_{ni}^{y} = \lfloor p_{ni}^{y}/T \rfloor \times T$$

如果出现情况（3），p^{t}_{ni} 和 p^{t}_{ni+1} 两个点所属时间分片编号分别为 T_i 和 T_j，两个点之间插入（j-i-1）个：

$$p_{ni}^{t} = \lfloor \frac{p_{ni}^{t}}{T} + k \rfloor \times T$$

$$p_{nk}^{x} = p_{ni}^{x} + \frac{p_{ni+1}^{x} - p_{ni}^{x}}{p_{ni+1}^{t} - p_{ni}^{t}} \times k$$

$$p_{nk}^{y} = p_{ni}^{x} + \frac{p_{ni+1}^{y} - p_{ni}^{y}}{p_{ni+1}^{t} - p_{ni}^{t}} \times k$$

修正后的数据信息见表10-2。

在 1min 时间分片下手机信令点数据修正表　　　　表10-2

数据点号	1	2	3	5	5
时间	00:00:00	00:01:00	00:02:00	00:03:00	00:04:00
经度	$\frac{A+B+C}{3}$	D	$D+\frac{E-D}{3}\times 1$	$D+\frac{E-D}{3}\times 2$	E
纬度	$\frac{a+b+c}{3}$	d	$d+\frac{e-d}{3}\times 1$	$d+\frac{e-d}{3}\times 2$	e

当基站密度过大时，会出现基站间信号范围重叠的现象，因为如果一个手机信号被多个基站提供服务，可能会出现用户位置信息在几个基站之间反复横跳的现象，将这种现象称作“乒乓效应”。如图10-2所示，阴影区域为“乒乓效应”可能发生区域。为解决“乒乓效应”，可使用基于RSSI（Received Signal Strength Indication，接收信号指示强度）的三角定位模型定位用户位置。根据不同基站传递的信号强弱判断其与手机使用者之间的距离，同时结合基站的位置坐标，计算出对应的用户位置坐标。

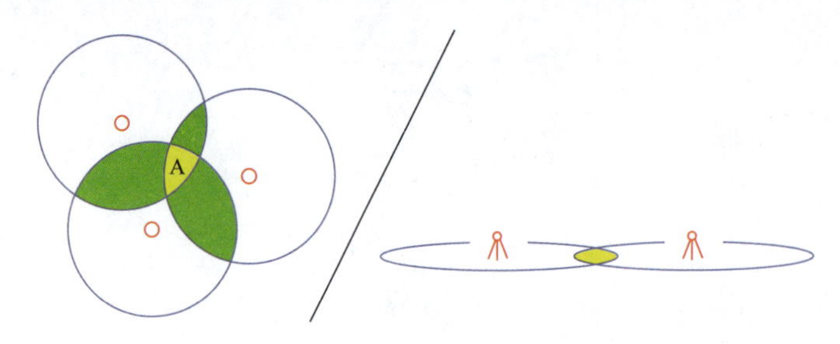

图10-2　乒乓效应区域示意图

手机信号可能受到山河湖泊、列车房屋等事物的干扰，导致手机信号的传递突然从一个距离先前信号较近的基站变成了一个相对较远的基站（图10-3）。这种现象被称作“信号漂移”，图10-3为信号位置随时间变化的状况，箭头表示信号点时间上的先后顺序，其中 m 点和 n 点则可被怀疑为“信号漂移”。对“信号漂移”的数据可根据相关基站距使用者距离的累积概率百分比判断，通过设定置信区间，剔除不合格数据。

数据清洗完成之后，进行手机用户通勤行为的识别。通过手机信令识别通勤行为可分为3步：

（1）停留点识别；

（2）OD 小区识别；

（3）通勤数据识别。

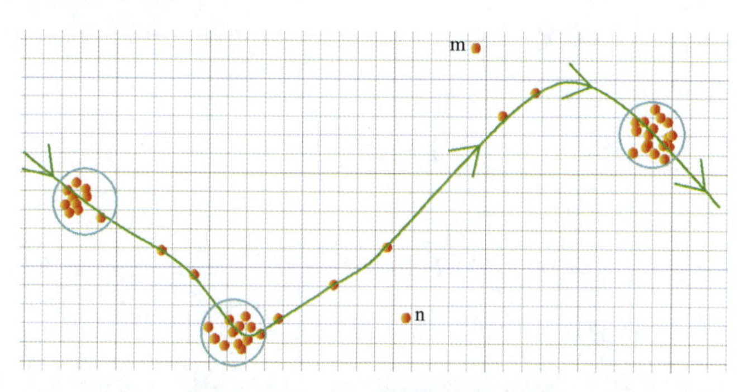

图 10-3　数据点位置随时间变化示意图

步骤一：停留点识别。基于 DBSCAN 算法，将数据点空间聚类分析。DBSCAN 算法基本思想：中心点指定半径内的数据点个数不能低于指定阈值。停留点识别即一个手机用户的信令数据中某一区域的停留数据点需要在一个指定半径为 R 的范围内达到阈值限制的数量，且点数据在时间上是连续的，即一个手机信号在一定区域内停留了足够长的时间。将这些点数据放到一个集合里边，将这个集合的数据点中位置频率最高的点位置看作停留点。可参考图中的青色圆，圆内数据密集且连续，则认为该区域内存在该用户停留点，找到空间坐标重合最多的点位置作为停留点。

步骤二：OD 小区识别。将步骤一中停留点信号来源的基站位置与划分的交通小区相匹配；

步骤三：通勤行为识别。根据通勤出行的规律性，潮汐性判断，见本小节第三部分。

在拿到手机信令数据之后，经过数据清洗、OD 点识别、OD 小区划分，最后识别出通勤行为，得到定制公交潜在的需求。

二、公交 IC 卡数据

使用公交 IC 卡的客户也有很大的可能性选择定制公交出行，所以若要筛选出定制公交潜在客户，很有必要对公交 IC 卡用户的需求收集整理与分析。

通过 IC 卡判断用户出行 OD 矩阵以及对应的时间，需要更准确地描述上车站点位置，及推算下车站点。张文胜等人提出了一种基于公交 IC 卡和 AVL 数据的公交客流 OD 推算。

步骤一：上车时间推算。实际情况中存在先上车，然后在车辆运行过程中再刷卡的情况，这导致刷卡时间记录滞后，即刷卡动作的记录时间在上车时间之后；也存在因为 AVL 数据上传至终端需要一定的时间，导致出现刷卡记录时间相较于车辆站点匹配信息区间前置的情况。

步骤二：乘客出行链如果形成闭环，可以利用公交出行链法推算公交乘客下车站点。但是如果乘客出行组合了多种交通方式，甚至出行链未闭合，则无法利用乘客出行链法计算。

在出行链不能够推测出乘客下车站点的情况下，考虑到公交乘客具有较强往返性的特点，将当前路线下游的高频上车站点作为重点考察对象，按频率划分比重，选取高频比重最大值作为乘客下车站点概率。

然而存在这样一种情况，乘客当前路线的下游不存在高频站点，考虑到乘客出行的时空分布、出行距离、出行时间、途经站点数等都是影响公交下车站点位置的关键因素。基于乘客个体出行特征分布，单次出行途经的站点数服从泊松分布。

$$P_{i-j} = \frac{\lambda^{(j-i)}}{(j-i)!} e^{-\lambda} \qquad j > i$$

式中，λ 为乘客平均出行区间站点数，即样本的平均值。

λ 可以依靠历史数据分析和选取。不过应注意按照不同时间段分别选取 λ 。比如划分出工作日、双休日或节假日，同一天内划分早高峰时段、晚高峰时段、夜间时段或其他时段等。不同路线、不同车次、不同时间段对应的乘客平均出行区间站点数或有不同。

然而，土地利用性质对公交站点吸引力影响很大，下车站点并不只与途经站点数量有关，同时还与站点吸引力有关，比如公交路线周边存在商城、医院、换乘车站等。对此可参考徐文远等人的研究，除考虑对乘坐车站数量使用泊松分布预测下车站点概率外，还对周边路线不同站点周边建成环境加以考虑，具体计算如下：

设由泊松分布得到的概率为 F_{ij}，接着给各站吸引强度赋予权重：

$$W_i = \frac{S_i}{\sum_{k=1}^{m} S_k}$$

式中，W_i 为 i 车站吸引强度权重；S_i 为该研究路线单向在 i 车站上车的人数；m 为研究路线车站数量。

将基于泊松分布估算途经站点数量的方法与考虑站点周边土地利用性质的方法结合起来，下游站点下车概率计算方法为：

$$P_{i-j} = \begin{cases} \dfrac{F_{i_j} W_i}{\sum_{k=i+1}^{m} F_{i_k} W_k} & i < j \\ 0 & i \geqslant j \end{cases}$$

在得到公交 IC 卡用户的出行 OD 之后，通常将其中的通勤数据作为定制公交的潜在需求数据。

在拿到公交 IC 卡数据后，经过对数据的清洗，起点位置和时间的确认，讫点位置和时间的推测，得到乘客出行的 OD 矩阵，最后识别通勤行为，得到定制公交潜在需求。

三、通勤行为识别

在已获得 OD 矩阵的情况下，列举几种基于多源数据在不同情景识别通勤行为的方法。

陈汐等人认为定制公交的潜在客户主要是出行时空较为稳定的通勤人员，并利用公交 IC 卡数据、手机导航数据以及手机规划数据，提出了一种基于多源城市交通出行数据的定制公交需求辨识方法。首先根据三类数据获取乘客准确的出发地与目的地等资料，然后进行通勤行为识别。最后考虑乘客到站点的步行距离变长会降低定制公交的吸引力等因素，对起讫点聚类分析，加以考虑不同区域的覆盖半径来控制乘客与站点间的步行距离。手机的导航信息和规划数据也可以反映手机用户的出行特征信息。规划数据是手机用户在使用手机导航程序规划出行时产生的信息，包括起终点经纬度、查询时间和出行方式。导航数据是手机用户在使用导航时产生的路径信息，相较于规划数据，导航数据未给出查询时间，取而代之的是导航开始与结束时刻。因为每次出行不一定仅使用一次导航，所以导航数据可能是间断的、不连续的。

通勤行为识别方法：

（1）如果公交 IC 卡数据中的某些 ID 的刷卡时间和刷卡位置具有非常强的规律性、潮汐性，便可认为该 ID 用户为通勤者。再结合早晚规律性刷卡地点的地理信息，视早上规律刷卡地点为生活区域，晚上的规则性刷卡地点为工作区域，得到 IC 卡中的通勤 OD 矩阵。

（2）AOI（Area of Interest），是包含多类感兴趣点（Point of Interest, POI）的面状实体。将用户的规划数据映射到合适的 AOI 上，将 AOI 作为 OD。如果某个 ID 在某对 OD 间具有明显的规则潮汐性，则判断该 ID 用户为通勤者。

（3）针对导航数据的特点，只记录早晚高峰出发点位置对应的 AOI 信息，记录较长一段时期后，分别记录早、晚高峰时段记录频次最高的 AOI。

此外，陈君等人提出了一种基于智能公交系统数据的公交卡乘客通勤 OD 分布估计方法。通勤数据判定标准为：

（1）$K \geqslant K_t$;

（2）$M \geqslant M_t$;

（3）$N \geqslant N_t$。

即同时满足以上 3 个条件的才可以判定为通勤数据。其中，K 表示在工作日早晚高峰首次乘车的总次数，M 表示在工作日早高峰首次乘车的次数，N 表示在工作 - 晚高峰首次乘车的次数，K_t、M_t 和 N_t 则分别为根据实际情况设定的判别阈值。$K_t \in [2,10]$，$M_t \in [1,5]$，$N_t \in [1,5]$，这三个阈值取值越大，通勤 OD 矩阵判断的准确率越高，但取值太大也可能导致部分通勤数据被剔除。

通勤数据起讫点判断：①对于一个用户的出勤数据，统计其在 5 个工作日内早高峰和晚高峰乘车频次最高的站点，如果该站点刷卡频次占比过半，确定其为经常性乘车站点。即：假定 X 为早高峰刷卡频次最高的站点，频次为 M_X，Y 为晚高峰刷卡频次最高的站点，频次为 N_Y。若 $M_X > M/2$，则 X 为该出勤数据早高峰经常性乘车点，若 $N_Y > N/2$，则 Y 为该出勤数据晚高峰经常性乘车点。②对于步骤①未能确定出其早高峰或晚高峰经常性乘车地点的通勤乘客，则继续采用坐标空间聚类。分别计算出早高峰乘车站点间的直线距离和晚高峰站点间直线距离，选取一个空间聚类半径，将站点 – 形心距离小于该半径的站点划分为一类，挑选包含站点数量最多，且大于工作日早晚高峰乘车次数一半的类，选取该类形心为经常性乘车点。

如果研究城市的交通管理中存在错峰上下班，则上述提到的通勤行为的判定方法存在一定的局限性。因为鼓励错时上下班，伴随的是通勤出发时间的跨度被拉大，进而使得仅依靠早晚高峰去判断一个出行者的出行是否为通勤行为变得不够准确，早晚高峰区间选取过短会出现遗漏，选取太长又会收纳过多干扰项。尽管如此，通勤者依然会有两个特征：①几乎每个工作日都要出行；②工作日上下班时间差距不大。对于以上情况，周亚楠提出了基于通勤出行时间稳定性的通勤行为识别方法。相较于陈君等人的识别方法，根据首次出行次数与城市上班时间天数的关系来进行推测，首次乘车数据不再仅限于早晚高峰时段。通勤行为数据筛选示意如图 10-4 所示。

假设城市通勤人员的上班天数为正态分布，60% 的人每月上班时间不少于 21 天或者每周上班时间不少于 5 天，便可根据调查设定的周期为月或者周取 21 或者 5，记为阈值 A。也可取其他比例阈值，阈值越高，所对应选出的数据对应通勤行为的可能性越大，不过同时也会有会更多的通勤数据被遗漏，阈值越低则干扰数据越多。

至此筛选出的数据仅能说明该乘客出行频率较高（对应特征 1），要想说明其首次出行大多为通勤行为，还需要对应特征 2 设定阈值 B。通俗理解为其首次出行是否多集中在一个时间段，比如 7:00—8:00 或

8:00—9:00 等，而不是出行时间零零散散，没有规律。不过若在使用基于频次统计和坐标空间聚类的方法之后，依旧难以确定唯一的常用性出发站点，则可以考虑使用路线交叉法来进一步辅助识别。

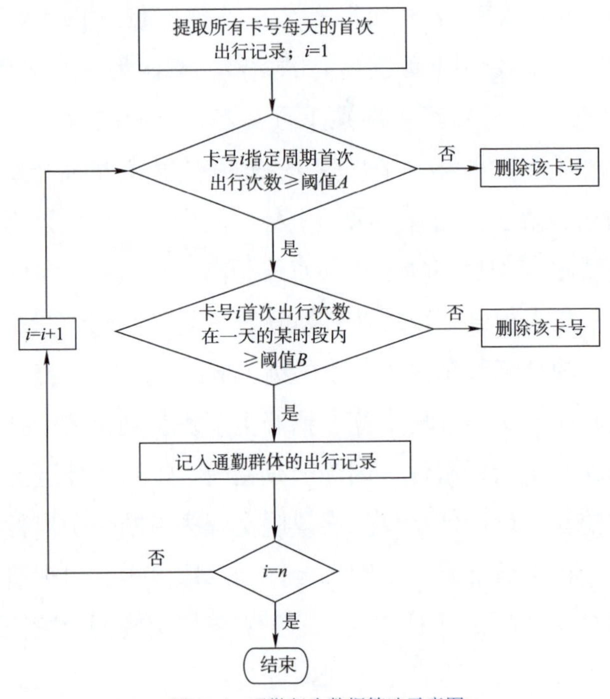

图 10-4　通勤行为数据筛选示意图

首先，提取该卡号对应的首次出行记录中的路线编码，然后根据路线编码提取其所有站点名称。整理该卡号选择过的所有公交路线，选取各条路线重叠的站点。如果选取出的重叠站点唯一，那么则认为该站点为起讫点之一。若出现两个及以上，则需要结合基于频次统计和坐标空间聚类的方法去识别结果。

如果可以获得车辆运行轨迹数据（包括车辆唯一编码、时空分布信息），则还可以参考王炜等人发明的一种定制公交需求区域识别方法。基于互联网产生的交通大数据，挖掘具有周期性且频繁发生的信息，从而找到定制公交高需求区域。

基本流程为：

（1）首先根据车辆唯一标志性信息，其次根据车辆被检测的时间排序，获得车辆的时空分布；

（2）筛选出符合通勤时间窗口的运行时间对应的出行数据作为备选通勤数据；

（3）选取某工作日中由车辆唯一标志性信息、轨迹起点、轨迹终点信息组成的特征项，定义为集合 A。仿照刚才操作另选取一个工作日，对应的集合定义为 B。对比 A、B 中的特征项，将相同特征项对应的数据存入通勤数据集中，即视其对应的行为是通勤行为，亦为定制公交潜在需求。

网约车出行需求数据：

首先可参考韩志玲等人的方法筛选网约车数据，在定制公交相邻站点之间，如果没有特殊建成环境，其距离应该存在一个下限阈值 L，以保证其竞争力及运营过程是有盈利的。设数据点总量为 n。

基本思想是将每个出行数据 OD 间的距离与给定阈值 L 相比较，将 OD 间距离大于阈值 L 的数据收入一个集合。根据网约车数据包含的出发点和目的地经纬度坐标，将其转换成平面直角坐标，计算每个 OD 对之间的距离。如图 10-5 所示。

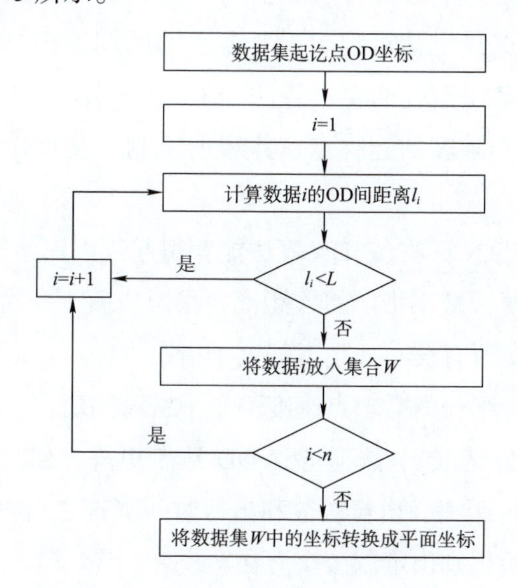

图 10-5　网约车数据清洗筛选流程图

其次，基于提高运行经济效益和服务水平的原则，对数据点层次聚类，选取符合出行距离限制的需求数据。具体步骤为：

（1）按照空间距离或者周边用地性质等划分数据中的出发点，记录第 i 个区域数据点数量为 O_i。若 $O_i < O_{min}$，则将该区域对应的簇集合删除。

（2）计算被保留下来的区域中所有点的形心。计算第 j 片区域内的每一个数据的目的地与 j 区域中心点之间的距离 l_j，若 l_j 小于 L，则将该条数据删除。计算全部分区。

（3）对出行需求的目的地层次聚类，将第 i 个区域数据点数量记录为 D_i。若 $D_i < D_{min}$，D_{min} 为判别一个簇是否为起讫点的下限，则将该区域对应的簇集合删除。

（4）计算剩余区域中所有点的形心。若第 j 片区域内的任何一个点数据的起点与 j 区域中心点之间的距离 l_j 小于设定的距离限制 L，则将该数据点删除。计算全部分区。

（5）重新计算起讫点簇的中心坐标，视这些坐标为定制公交站点选址的参考点（图 10-5）。

该算法根据网约车出行需求的空间分布和定制公交站点间距下限，筛选出定制公交选线定站过程中主要考虑的网约车出行需求数据，类似的算法还有邱果基于密度的聚类算法 DBSCAN 做出优化的 P-DN 算法，旨在分析常规公交乘客的起终点，并帮助定制公交做出站点位置的选择（图 10-6）。

相较于 DBSCAN 算法，P-DN 算法能获得起终点属于同一簇的点集合；聚类结果以半径每次减小指定的 Δ 距离再聚类，直至所有点均为噪声点。

噪声点：距离所有核心点距离都大于指定半径。

核心点：指定半径内需求点密度不小于密度阈值。

通过预处理公交 IC 卡数据得到 OD 站点矩阵，然后输入 OD 站点之间的距离，对出行距离、出行次数和出行时间筛选之后将数据空间聚类，估计 OD 位置之后识别出定制公交潜在客户。

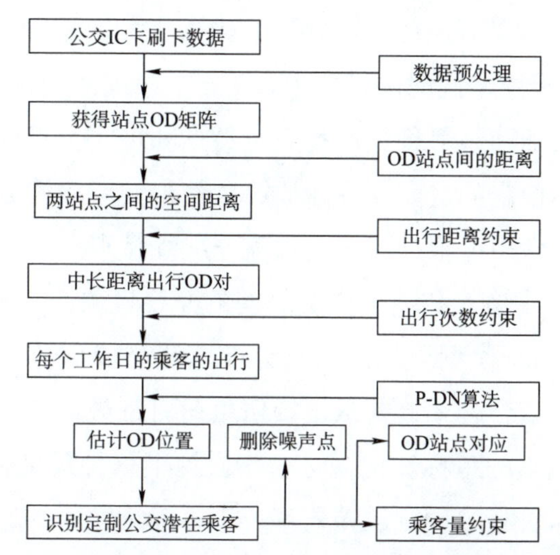

图 10-6 P-DN 算法从 IC 卡数据中挖掘定制公交潜在乘客框架图

第四节 需求预测方法

需求调查是交通资源分配或者再分配的基础，潜在需求调查是考量某一种交通方式或交通路线、班次存不存在开通运营的基本条件，市场效益如何，同时也方便对其他交通方式或路线受到的影响做出预估。需求预测则是分析未来短期、中期或长期时间内某区域出行需求的变化趋势和变化量。短期需求预测结果是调节车辆与乘客之间供需平衡的重要依据，而长期需求预测往往帮助道路规划、建设相关部门确定道路的等级、服务水平，对旧有路线实行改线、废除等。

本节从短期需求预测和长期需求预测两个方面论述学者们的开拓创新和方法的发展演化，列举了不同需求预测方法适用的场景及优缺点。

一、短期需求预测

短期需求预测可以激励空车从供应过剩地区转向供不应求的地区，然而对每个地区交通需求的短期预测是一个巨大的挑战。

在传统的统计学算法中，可以采用参数法，使用 ARMA、SARIMA 和 ARIMA 预测一天中不同时间窗的乘客需求。过去的线性模型虽然简单，但由于在依赖于精确和趋势稳定的高质量数据和现实世界的乘客需求时空数据是随机的和不稳定的之间存在矛盾，这使得使用线性方法描述需求变化比较困难。非线性模型根据短时交通流非线性特点，来体现城市交通出行的随机特性，构建输入和输出变量之间的非线性关系。Wu 等人提出了一种基于 Newsvendor 模型思想的常规公交路线高峰负荷预测模型，将需求预测与供给优化结合起来，并根据峰值负荷对常规公交车的实际影响，设计了一种基于成本的指标。他们进一步设计了一种尺度化 Shepard 插值算法来解决新指标引起的预测误差概率分布不连续性的问题，同时通过缩放特征空间和参数优化来开发多源数据，提高稳定性和精度。

近年来，随着深度学习方法的兴起，需求预测的准确性又被推到了一个新的高度。深度学习可以根据大量的数据，通过复杂的时间序列方法自行训练参数，具有更好的预测能力。对于短期需求预测的时间依赖性、空间依赖性和外部影响因素依赖这个问题，Ke 等人提出了一种名为融合卷积长短期记忆网络（FCL-Net）的深度学习方法，能够更好地捕捉解释变量的时空特征和相关性。在之前的研究中，大都使用了弱相关区域的数据，或者忽略了距离遥远但是空间相似度较高的地区，或者对外部因素（如天气、节假日等）的考虑不够细致而导致预测结果存在更大的偏差。Yao 等人提出了一个端到端的多任务深度学习乘客需求预测模型，利用卷积神经网络提取它们的空间相关性，将外部因素映射到未来的需求水平，进一步提高预测精度。Tang 等人考虑到一些应用环境中数据有限的情况，提出了一种利用分类调整权重向量的神经网络模型自适应方法。模型在土地利用、出行模式等具有相似特征的地区之间具有良好的可转移性。并且在研究区域中发现低密度地区的预测效果比高密度地区还要好，很好地对应了定制公交在低密度地区潜力更大的特点。深度学习预测需求的研究大多采用正方形分区，然而与正方形相比，六边形更接近于圆形，其分布是对称等效的。因此，时空特征相似的出行需求更容易被集聚，并且分区之间的交通流特征更准确。此外，在正方形分区中，从相同实际距离转换而来的分区距离在倾斜方向上比在垂直和水平方向上大得多。六边形分区可以更好地表达分区之间的空间邻近性。因此 Ke、Chen 等人先后提出了基于六边形的卷积神经网络（H-CNN）、开发了六边形的集成机制、基于六边形卷积长短期记忆（H-ConvLSTM）的装袋学习方法，在准确性和鲁棒性方面显著优于基准算法。并且这类方法可以进一步扩展到共享移动和城市计算领域的广泛的时空预测问题，为定制公交的需求预测提供了思路。

也可将传统的时间序列法与机器学习或深度学习结合起来。刘昶等人将指数平滑法和神经网络模型结合起来，提出了一种 ARIMA-BP 组合模型。通过让误差取平方的方式，把两种单一模型的预测误差程度放大、计算、取均值。将平均值作为确定该方法权重的依据，使预测结果更加准确。结合不同的模型（深度学习和传统方法）的预测，可以有效地减少预测误差，提高准确性。

二、长期需求预测

网约车的长期需求预测目标是年份或者季度的总量。长期需求预测可以为交通管理部门进行规划布局提供参考，对那些会对道路交通产生影响的活动、项目等提前协调。可以帮助相关运营商提前判断交通需求的时空分布特征，并据此做出车辆分配任务。这可以缩减供需之间的差额，减少资源的浪费，提高路网的通行效率。

王开来基于 Transformer 的网络结构，结合时序分解的思想来讨论更加复杂的时空相关性，使用自相关机制代替自注意力机制，一方面降低了计算的复杂度，另一方面也更加适合长期交通预测。为了解决空间依赖性引起的内生性的问题，Wang 等人广泛挖掘并融合了与服务供应特征、人口特征、土地利用和可达性等相关变量，调查这些变量对定制公交需求的直接效应和溢出效应、提出了一种定制公交需求预测模型。中长期需求数据是优化资源配置、节约运营成本的重要资料。Wang 在个体长期出行行为方面进行了许多研究，利用梯度增强决策树研究构建建成环境和需求响应系统之间的非线性关系，定量研究建成环境如何影响需求响应系统。为捕捉活跃用户和非活跃用户在预约行为上的差异，建立了定制公交预约行为模型，进而提高用户留存率。

中长期需求预测指导城市规划相关部门进行道路的规划或者改建，指导运营商优化资源配置，以利益驱动减小供需之间的差距，为城市的长远发展打基础。短期需求预测帮助实时调节供需差额，同长期需求预测共同作用。提升市民的满意程度，提高道路的通行效率。两者相互配合，又不可相互替代。

本章参考文献

[1] 苏蕊芯 .“双中心”城市综合交通运输发展要素与需求特征分析 [J]. 公路 , 2020.

[2] ZHANG L, HONG J, NASRI A, et al. How built environment affects travel behavior: A comparative analysis of the connections between land use and vehicle miles traveled in US cities [J]. Journal of transport and land use, 2012, 5(3): 40-52.

[3] NOLAN A. A dynamic analysis of household car ownership [J]. Transportation research part A: policy and practice, 2010, 44(6): 446-455.

[4] PAULLEY N, BALCOMBE R, MACKETT R, et al. The demand for public transport: The effects of fares, quality of service, income and car ownership [J]. Transport policy, 2006, 13(4): 295-306.

[5] XIAO Z, LIU Q, WANG J. How do the effects of local built environment on household vehicle kilometers traveled vary across urban structural zones? [J]. International journal of sustainable transportation, 2018, 12(9): 637-647.

[6] 丁剑 . 基于优势出行距离的方式分担率模型及软件实现 [D]. 南京：东南大学 , 2017.

[7] 魏晨曦 , 刘爽 , 李金海 . 城市定制公交研究综述 [J]. 综合运输 , 2022,

44(5): 59-65.

[8] 刘怡君，李梦薇，廉莹．油价、政策与舆论对出行影响的系统仿真研究[J]．系统仿真学报，2018, 30(10): 3597.

[9] 韩志玲．基于出行数据的定制公交线网规划与线路设计研究[D]．北京：北京工业大学，2020.

[10] 王子懿，李健．场景导向的定制公交出行需求宏微观数据嵌套分析[J]．城市交通，2022,20(6):38-45+28.

[11] 田万利．基于手机信令数据的通勤定制公交设置研究[D]．长春：吉林大学，2019.

[12] 唐娟．基于手机定位数据的居民出行OD矩阵获取方法研究[D]．成都：西南交通大学，2016.

[13] 史立凯，韩竹斌，胡城峰．基于手机信令数据的城市交通需求预测方法研究[J]．运输经理世界，2022(25): 58-60.

[14] 陈旭．不同基站密度下基于手机信令数据的出行端点识别效果评估研究[D]．成都：西南交通大学，2021.

[15] 张文胜，卢梦，朱冀军，等．基于公交IC卡和AVL数据的公交客流OD推算[J]．计算机应用与软件，2021, 38(7): 100-105.

[16] 张萌萌，郭亚娟，马玉娇．基于站点吸引的公交客流OD分布概率模型[J]．交通信息与安全，2014, 32(3): 57-61.

[17] 徐文远，邓春瑶，刘宝义．基于公交IC卡数据的公交客流统计方法[J]．中国公路学报，2013, 26(5): 158-163.

[18] 陈汐，王印海，代壮，等．基于多源城市交通出行数据的定制公交需求辨识方法研究[J]．大数据，2020, 6(6): 14.

[19] 陈君，杨东援．基于智能公交系统数据的公交卡乘客通勤OD分布估计方法[P]．陕西：CN103279534A, 2013-09-04.

[20] 周亚楠．基于一卡通数据分析的通勤性定制公交线路规划[D]．长春：吉林大学，2017.

[21] 王炜，李欣然，金坤，等．一种定制公交需求区域识别方法[P]．

江苏：CN113724494A, 2021-11-30.

[22] 邱果. 基于乘客出行方式选择的定制公交路线设计优化方法研究[D]. 北京：北京交通大学, 2019.

[23] WU W, LI P, LIU R, et al. Predicting peak load of bus routes with supply optimization and scaled Shepard interpolation: A newsvendor model [J]. Transportation Research Part E: Logistics and Transportation Review, 2020, 142: 102041.

[24] VIAHOGIANNI E, KARLAFTIS M. Temporal aggregation in traffic data: implications for statistical characteristics and model choice [J]. Transportation Letters, 2011, 3(1): 37-49.

[25] ZHANG JB, ZHENG Y, QI D. Deep spatio-temporal residual networks for citywide crowd flows prediction [C] //Proceedings of the AAAI conference on artificial intelligence. 2017, 31(1).

[26] KE JT, ZHENG HY, YANG H, et al. Short-term forecasting of passenger demand under on-demand ride services: A spatio-temporal deep learning approach [J]. Transportation research part C: Emerging technologies, 2017, 85: 591-608.

[27] BAI L, YAO L, KANHERE S S, et al. Passenger demand forecasting with multi-task convolutional recurrent neural networks [C] //Advances in Knowledge Discovery and Data Mining: 23rd Pacific-Asia Conference, PAKDD 2019, Macau, China, April 14-17, 2019, Proceedings, Part II 23. Springer International Publishing, 2019: 29-42.

[28] TANG L, XIONG C, ZHANG L. Spatial transferability of neural network models in travel demand modeling [J]. Journal of Computing in Civil Engineering, 2018, 32(3): 04018010.

[29] KE J, YANG H, ZHENG H, et al. Hexagon-based convolutional neural network for supply-demand forecasting of ride-sourcing services [J]. IEEE Transactions on Intelligent Transportation Systems, 2018, 20(11):

4160-4173.

［30］CHEN Z J, LIU K, WANG J B, et al. H-ConvLSTM-based bagging learning approach for ride-hailing demand prediction considering imbalance problems and sparse uncertainty［J］. Transportation Research Part C: Emerging Technologies, 2022, 140: 103709.

［31］刘昶，吴君华，张凤娇，等. 基于ARIMA-BP组合模型的城市公交客运量预测［J］. 智能计算机与应用, 2022, 12(7): 80-83+89.

［32］王开来. 基于时空图学习的城市公共出行行为预测［D］. 大连：大连理工大学, 2022.

［33］WANG J B, CAO X J, LIU K, et al. Exploring the nonlinear effectsof built environment characteristics on customized bus service［J］. Transportation Research Part D: Transport and Environ-ment,2023,114:103523.

［34］WANG J B, YAMAMOTO T, LIU K. Key determinants and heterogeneous frailties in passenger loyalty toward customized buses: An empirical investigation of the subscription termination hazard of users［J］. Transportation Research Part C: Emerging Technologies, 2020, 115: 102636.

第十一章　线路规划和调整

定制公交是一种新型的公共交通服务系统，具有可预约、无换乘、高品质等优点，得到了国内外越来越多研究者的认可，在城市公共交通系统中得到广泛的应用，该模式可以有效缓解由职住分离造成的城市交通拥堵问题，改善乘客出行体验。为促进定制公交研究的发展，本章对国内外关于城市定制公交线路规划和调整的研究成果进行了梳理，重点对定制公交站点选址和线路规划、线路调整与优化方案、智能算法三个部分进行了介绍，最后针对我国定制公交的研究现状，提出了未来可能的研究方向。

第一节　线路规划方法

确定定制公交的运营线路是一个复杂问题。定制公交是一种以需求为导向的公共交通服务，目前大部分定制公交服务模式是基于预约的出行请求，随着移动互联网技术的快速发展，运营商和乘客之间的信息交互成为可能，导致乘客实时出行的需求增加，定制公交的线路设计需要充分考虑出行需求和路网运行环境的变化，从而动态调整公交线路，使定制公交系统的服务达到最优。定制公交站点设计和线路规划是密不可分的，科学合理地定制公交站点和线路规划能增加定制公交的吸引力，提高定制公交上座率，降低运营商运营成本，缓解城市交通拥堵问题并减少环境污染。针对起终点站点数量，线路规划场景可以分为“一对一”“多对一”“多对多”三种场景。目前研究往往将站点选址和线路设计分割开来，首先进行站点选址或在已知站点下进行线路优化，但这样往往会忽略系统最优解，降低定制公交服务的灵活性。在站点选址阶段，大多数研究对乘客出行需求数据进行聚类分析，将相近的需求划分为一类，获取聚类中心，将聚类中心作为上下车点，从而研究多个聚类中心之间的线路优化问题。定制公交的线路设计也需要优化特定的目标函数来确定路线布局，针对乘客、运营者、社会有着不同的目标，这些目标往往是相互矛盾的。本节归纳总结定制公交线路规划的研究成果，首先将乘客需求场景分为静态需求和动态需求场景，其次进行站点选址和线路规划，并考虑不确定需求下的定制公交线路规划，为定制公交的运营和管理提供支撑，具有重要的意义。

一、定制公交线路规划需求场景

定制公交是以乘客需求为导向的公共交通服务，乘客的出行需求信息包括上下车地点、出行时间、人数等对于定制公交线路优化是极其重要的。一般情况下，定制公交运营商会将出行者的预约出行信息与现有的定制公交路网进行匹配，如果存在某条线路和发车时刻表满足出行者的需求，则预约成功。如果不存在能够匹配的线路和时刻表，运营商会对线路进行调整和优化，并判断其是否能满足出行者的需求，如若满足，则成功匹配，若不满足，则拒绝该乘客出行请求。具体服务流程如图 11-1 所示。根据乘客需求预约时间可以将出行需求场景分为静态需求场景和动态需求场景 2 种类型。在静态需求场景，乘客需要在定制公交运行之前递交预约申请，在实际运行时不接受临时的预约申请。在动态需求场景，定制公交运营商可以接受乘客临时的出行申请，并将根据实时的出行请求申请调整公交线路和时刻表。

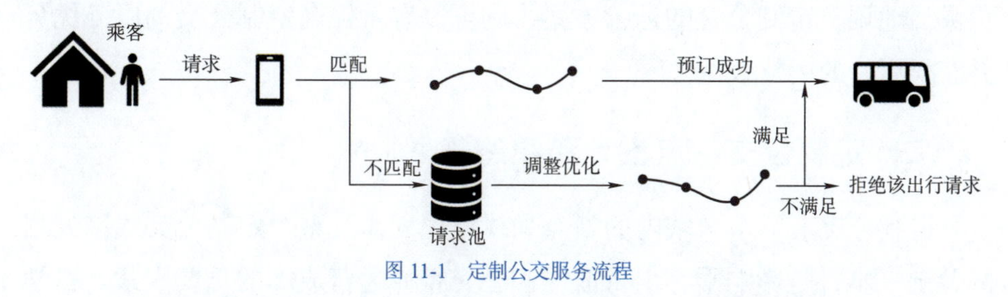

图 11-1　定制公交服务流程

目前常见的定制公交路线的优化设计主要针对静态需求场景。安久煜等针对乘客预先提交的出行需求生成高铁快巴灵活线路。Li 等介绍了一个定制公交路线问题，其中每个站点的行程都是给定的，且每个站点都有一个固定的时间窗。

随着移动互联网、大数据等新一代信息技术的快速发展，网站或智能手机应用程序，使出行者和定制公交运营者之间的信息动态交互成为可能。实时需求的出现对定制公交线路设计提出了更高的要求，因为实时的出行需求是偶然且不可预测的，一旦出现实时的出行需求，运营商需要判断现有的定制公交线路是否满足此需求，并结合静态场景的预约出行需求来判断是否需要额外的定制公交运行线路来满足此需求。针对实时的出行需求，现有研究者一般会将定制公交的线路优化分为静态出行需求阶段和动态出行需求阶段两个阶段分别进行考虑，针对静态出行需求阶段的定制公交线路优化，基于已确认的预约的出行需求，采用严格的时间窗约束和整体最优的方式对运行线路进行优化。针对动态的出行需求场景，则以交互的方式动态插入实时的出行请求，运营商需要估计线路优化的成本并将服务时刻表和费用反馈给出行者，而出行者则根据感知的出行成本来自主选择是否接受此行程。

实际上，对于出行需求不确定的出行者而言，静态出行需求场景和动态出行需求场景的区别并不是非常严格，他们可能会因为其他的原因取消静态场景下的预约出行需求，这实际上也是一种动态的出行需求场景。虽然在预约出行取消的情况下，定制公交运营商不会退还预约出行费用，对运营成本的影响较小。但是如果运营商能够根据这些动态调整的需求信息，更灵活地调整定制公交的运营方案，则可以有效提高定制公交的服务优势并获得更好的运营效益。

二、定制公交站点设计和线路规划

定制公交上下车区域内的站点和线路规划作为整个定制公交线网规划的关键一步，是影响乘客出行成本和公交企业运营成本的重要因素。科学合理的站点设置和线路规划能有效减少乘客步行时间和公交企业运营成本。满足大部分乘客的出行需求，可使定制公交资源得到最大限度的利用，提高定制公交吸引力，因此必须科学、系统地对定制公交站点和线路规划进行研究。

在定制公交线路规划时，以往的研究将主要问题分成两个子问题：站点选址（将乘客分配到站点）和定制公交路径规划（生成访问公交站站点的路线）。大部分研究把它们当作两个独立的问题，忽略了两个过程之间的潜在联系。大多数研究首先通过聚类确定站点位置，它们作为固定车辆节点输入到线路规划模型中，属于先站后线模式。还有一些研究只考虑给定站点下的线路规划。Ma 等基于乘客需求采用层次聚类算法划分 OD 区域，确定 OD 区域后通过配对构成定制公交初始线路，对线路进行优化，确定最终的定制公交网络。Han 等考虑需求数量约束和距离约束，通过凝聚层次聚类算法进行 OD 区域划分，基于 OD 区域划分结果，将 OD 进行匹配获取初始定制公交线路集，建立以运营成本、社会效益和乘客成本为输入的广义成本目标函数，确定运营线路。雷永巍等基于乘客出行信息，通过 K-means 聚类获取定制公交上下车站点，建立了以最大需求服务率和最小费用为目标的定制公交弹性动态网络调度双层模型。

1.定制公交站点设计

定制公交的站点设计是线路设计的重要基础，站点规划的合理与否直接影响到整个定制公交线路规划的成败。若站点设置过多，虽能减少乘客的步行时间和距离，但频繁地停站会增加乘客出行时间，降低服务质量；反之，若站点设置过少，虽然可以降低运营商的运行成本，但是会增加乘客的步行时间和距离，降低定制公交的吸引力，这两种情况均不利于定制公交的长期发展。根据定制公交出发站点和到达站点数量的不同，可以将定制公交线路的问题场景划分为“一对一”“多对一”“多对多”三种场景。“一对一”场景下定制公交线路过少、需求覆盖率低，多数市民无法享受定制公交服务。“多对一”的场景包括单出发点至多到达点以及多出发点至单到达点两种情况，这两种情况在站点选址时本质是一致，归为一类。“多对多”场景是指一条行车路径中，车辆停靠有限个上车点和下车点。

典型出发站点和到达站点场景如图 11-2 所示。现有的文献中，“多对一”的研究场景主要是将定制公交用于接驳服务，“多对多”的场景则相对比较广泛。胡郁葱等提出考虑多起终点、多车型、乘客混载等特点的线路规划模型，在充分响应乘客需求的情况下，提高运营企业收益，使定制公交运行模式更加丰富。柳伍生等构建了考虑多起点、多车型和乘客混载的定制公交线路规划模型，通过对模型中参数的设置进行调整，可以分别考虑“多对一”和“多对多”场景下的线路优化问题。王超等将定制公交服务乘客整个过程进行分解，逐个建模，将运营里程分为上车区域内、上车区域内某一个站点到下车区域某一个站点、下车区域内、下车区域内某一站点到停车场的距离四部分，以路网中所有定制公交车辆总运营里程最小为优化目标，构建满足多个停车场、多个上下车站点、多辆定制公交车的线路优化模型。

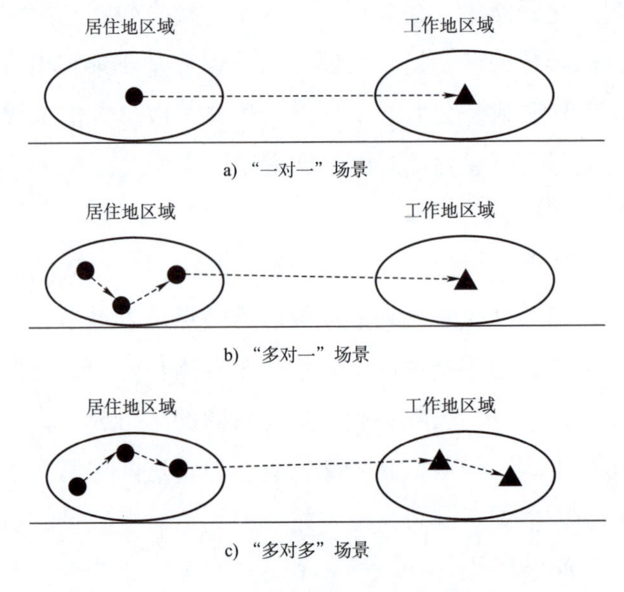

图 11-2 典型出发站点和到达站点场景

为了扩大定制公交服务范围，吸引更多的出行者，同时最大限度降低运营成本，有必要对乘客出行需求数据进行聚类分析，合理布局定制公交站点。通过聚类的方式将相近的出行需求划分为一类，获取聚类中心，将聚类中心作为上下车点，从而研究多个聚类中心之间的线路优化问题。目前在定制公交站点设计中常用的聚类算法有以下三种：K-means 算法，可自发形成聚类中心，计算效率高；层次聚类算法，无须预先制定聚类数目，更灵活地设置站点；DBSCAN 算法，无法获取聚类中心，但是聚类思路和定制公交乘客达到一定数量后聚为一类的开行思路一致。研究者在这些算法基础上，为更接近现实对其进行改进。胡列格等利用孤立点检测算法剔除预约中的“孤立点”，再用 K-means 聚类法优化合乘站点并限定服务范围，确定可服务乘客数量。刘超提出以需求点人数作为权重的层次聚类算法，针对多线路同站的情况，对该站乘客精细化分割，减少乘客步行距离，优化站点选址。邱果改进 DBSCAN 算法为 P-IN 算法，实现起讫点同时聚类并细化聚类结果，更适合定制公交站点选址。

2.定制公交线路规划

（1）定制公交线路规划原则。

根据我国目前城市经济发展水平以及城市客运交通需求，可以认为，在我国城市公共交通中，常规地面公交仍将是主体，同时，其他各类形式的辅助型公共交通将越来越普遍，定制公交作为辅助型公共交通的一种，是城市公共交通的重要组成部分。在此基础上，城市定制公交线路规划的基本原则如下：

定制公交线路规划要与规划区域内的社会经济发展情况、道路的建设和使用情况、土地利用情况相协调。必须体现与贯彻以人为本的公共交通服务思想，体现线路规划合理性和可操作性相结合的原则。

定制公交线路应作为城市整个交通系统中的一部分来考虑。城市交通是一个包含各种模式、各种运量、各种服务质量的综合交通系统。定制公交线路规划必须注重与整个交通系统的协调。所以在定制公交线路规划时，要根据城市公共交通规划和城市道路规划，充分考虑到与常规公交等客运模式的客流分配。

力求定制公交出行服务效率的最大化，利用最小的公交资源投入获得最大的产出。这就意味着定制公交线路规划要尽可能地为更多有通勤出行需求的乘客提供高质量的公交服务，并且尽量减少乘客的步行时间，降低社会和个人的出行成本。

（2）定制公交线路规划优化目标。

定制公交的开行是为了给出行需求相似的乘客提供一种舒适快捷的乘车环境。定制公交的线路设计关乎乘客和运营商两方的利益，针对不同的目标主体，定制公交在线路设计时需要优化目标函数。优化目标有所差异，从乘客角度来说，优化目标主要是出行时间最短、步行距离最短、较大的服务范围和较好的可靠性等。然而，从运营者的角度来说，优化目标主要是吸引较多的乘客，同时可以降低定制公交运营成本，提高收益。根据优化数量可以分为单目标优化问题和多目标优化问题。

从乘客角度，定制公交线路的单目标优化主要是总出行时间最短。单纯以乘客出行时间最短为优化目标时，一般用在特定场景。如安久煜等针对高铁站接驳公交，以车辆行驶时间最少为目标，通过站点拆分，构建灵活线路优化设计模型；马昌喜等考虑疫情防控下突发公共卫生事件，以定制公交总运行时长最短为目标，构建了一种应急定制公交线路优化方法。

从运营者角度来说，定制公交线路的单目标优化主要包括总运营里程最小、运营车辆数最少、车辆运营成本最小、利润最大以及多种成本线性加权形成的系统总成本最小等。王超等以路网中所有定制公交车辆的总运营里程最小为优化目标，构建满足多停车场、多上下车站点、多辆定制公交的线路优化模型；王健等将公交车早、晚点造成的乘客损失转变为当量运营里程，以公交车总运营里程最小为目标，建立定制公交调度优化模型；韩霜等以车辆数最少为目标优化定制公交初始线路；胡郁葱等以车辆固定成本和总运营里程之和组成的总成本最小为目标，构建定制公交线路规划模型；Huang 等以运营商收益最大化为目标，将定制公交网络设计问题描述为一个混合整数规划问题；Tong 等将未服务乘客的成本和运输成本之和作为总成本最小为优化目标进行分析；Ma 等以运营成本、环境成本和交通拥堵成本的线性加权之和构成的总成本最小为目标进行求解；彭巍等通过转换系数将公交运营成本最小、出行需求量最大和乘客出行时间最少的多目标优化问题转化为系统成本最优的单目标优化问题进行求解；Han等综合考虑运营成本、出行成本、交通拥挤成本和环境成本对定制公交服务的影响，通过线性加权的方式构建了一个总成本最小的定制公交线路选择模型；姚恩建等兼顾公交企业和乘客双方利益，构建以定制公交车辆保有成本、运行成本和乘客时间成本之和最小为优化目标。申婵等在保证乘客的利益不受影响下，同时考虑运营商的成本，建立考虑乘客等车成本，因绕行造成的在车乘客损失成本和车辆运行成本三者总成本最小的目标函数。

随着国家“双碳”目标进程的加速推进和碳排放管理的细化，碳排放成本将逐渐成为定制公交运营的重要约束，已有研究将优化目标聚焦到碳排放成本。赵力萱等在考虑乘客利益与公交营运企业利益等约束条件的前提下，以燃油消耗量最少为目标构建定制公交路线规划模型。

综上所述，定制公交线路规划单目标优化只考虑了乘客或运营者单一的需求，实际上，定制公交的线路优化需要兼顾乘客和运营者的需求，而这两者在本质上是异质的。因此，定制公交的优化本质上是多目标的，这也增加了问题求解的复杂性。不同研究者在构建定制公交线路多目标优化模型时，侧重点往往不同。雷永巍等以最大需求服务率和最小费用为目标，构建了定制公交线路优化的双层目标优化模型；柳伍生等分别考虑了公交需求服务覆盖率最大、线网平均上座率最高和总成本最小3个优化目标。其中，总成本包括运营距离成本、运营时间总成本、运营环保成本以及运营固定成本四个部分；Wang等分别考虑乘车时间消耗最小和定制公交运营成本最小两个目标，提出一种定制公交线路优化的两阶段优化模型进行求解；Huang等分别考虑不同最大服务率和最小运营成本目标条件下，研究了实时出行需求的定制公交线路优化问题。陈汐等综合考虑乘客与运营者两个方面，构建了多区域运营模式的通勤定制公交线路规划模型，该模型以最小化乘客出行成本、车辆运营成本为优化目标，为求解模型，设计了一个两阶段启发式算法以获得多目标优化模型的Pareto解。单优化目标类型和对应的文献如表11-1所示。

定制公交线路规划优化目标　　表 11-1

优化目标	目标函数	文献
总出行时间最短	$\min\sum x_{ij}t_{ij}$	[3]，[25]
总运营里程最小	$\min\sum x_{ij}d_{ij}$	[20]，[21]
运营车辆数最少	L 为定制公交车辆集合	[26]
车辆运营成本最小	min（固定成本 + 运营成本）	[4]，[5]
利润最大	max（预期总收入 – 运营成本）	[27]
系统总成本最小	min（乘客出行成本 + 总运营成本 + 环境成本 + 交通拥堵成本）	[2], [5], [8], [15], [18], [19], [28]
碳排放成本最小	min 总油耗	[29]

传统的两阶段方法，可能会丢失一部分满意解，甚至是真正的最优解。在分离的站点选址过程中，选定的站点位置可能会导致不必要的绕行和/或更长的步行距离，导致不能达到系统最优线路设计。一些研究将站点和线路同时更新，以此减少车辆运行距离和乘客步行距离，属于站线一体模式。Wang 等提出一个具有迭代聚类的开放式配送加权车辆路径问题，允许根据站点的车辆数和乘客数进一步划分站点，该方法可以在生成公交线路的同时迭代站点位置。Lyu 等将公交站点部署、路线规划和时刻表调度整合到一个统一的优化框架中，用于同时优化公交站点位置、公交线路、时刻表和乘客选择定制公交的概率。

三、不确定需求下的线路规划

实际上，定制公交服务设计（CBSD）问题实际上是一个复杂的优化问题，主要涉及请求组合（即将具有相似时空特征的单个请求组合成一个聚合请求）、请求选择（即选择要服务的请求）、路线规划、时刻表设计（即估计每个节点的到达时间）、车辆部署（即确定为每条路线服务的公交车的数量和类型）等。需要注意的是，虽然定制公交服务的潜在用户的需求是存在的，但这些潜在用户是否都会使用为他们定制的公交服务，这是一个一直困扰着运营商的问题。高估出行需求而设计的定制公交服务，无疑会造成严重的资源浪费。对于运营商来说，预期的运营利润和现实的运营利润之间存在很大的偏差是不可接受的。他们倾向于对运营利润作出较准确（或保守）的估计，以避免浪费资源，特别是在推出新定制公交服务时。以往的研究中很少考虑需求的不确定性，Dou 等人为了捕捉不确定需求环境下运营商的风险规避水平，在混合整数线性规划模型中嵌入了一个描述潜在乘客拒绝公交服务的可能性的随机变量和两个相关的控制参数，从而实现了一个可调的鲁棒优化模型，用于公交路线、时刻表和公交车调度的复杂决策，目标是生成一组有利可图的公交服务，以满足不同的通勤出行需求。Sun 等人提出了一种需求响应型接驳公交服务（DRT）的模糊优化模型，该模型可以将不确定数量的乘客从需求点运送到火车站。该模型采用模糊三角数变量来描述出行需求的变化，以揭示不确定的出行需求对接驳公交线路设计过程的影响。

第二节　线路调整与优化方法

一、线路评价方法

由于缺少定制公交的评价系统，导致很多定制公交在实际应用中缺少及时反馈和合理评价，最终入不敷出，只能停运，所以建立定制公交综合评价体系是非常重要的。定制公交的发展受多种因素的影响，确定定制公交的发展水平、存在问题及优化改进方向，需要一套系统的、科学的、完善的评价体系来完成。定制公交线路评价指标和评价方法是对该系统进行全面认识和有效评估的基础，它能够为系统组织优化、运营成本控制、政府宏观调控等方面提供科学依据。从乘客角度来说，需要考虑乘客对于出行安全、出行时间、舒适度、便捷性等多方面的需求，优化定制公交的运营和管理，使乘客以最低的出行成本得到最优的出行时间、最好的出行服务质量，提升定制公交的服务水平。从运营商角度来说，需要考虑运营企业的成本，优化资源配置，减少运营时不必要的运营成本，保证运营企业对有限的交通资源进行充分利用，引导定制公交运营合理化，管理科学化、现代化，运营健康、可持续化的综合发展进程。从政府角度来看，定制公交运营为社会带来了很大的效益，主要从交通效益、经济效益、社会效益、环境效益四个方面体现，包括缓解城市高峰时段交通拥堵状况，减少商业区（上班地点）停车压力，倡导绿色出行、节能环保，提升出行的安全性，降低交通事故风险，降低乘客上班时段出行疲劳程度等层面。从发展优化方向提升定制公交的综合效益，优化城市交通结构，减少能源消耗，应对尾气排放带来的环境污染。

定制公交是一个动态的、复杂的、综合的客运系统，对于一个复杂的系统，科学合理地选择适当的评价指标，建立全面系统的综合评价体系是成功进行系统综合评价的重要前提。定制公交发展评价指标体系，应该是由若干个重要的单一指标组成的统一体。从定制公交的乘客感知、运营商、政府三个层面，城市定制公交发展评价指标体系如图 11-3 所示。

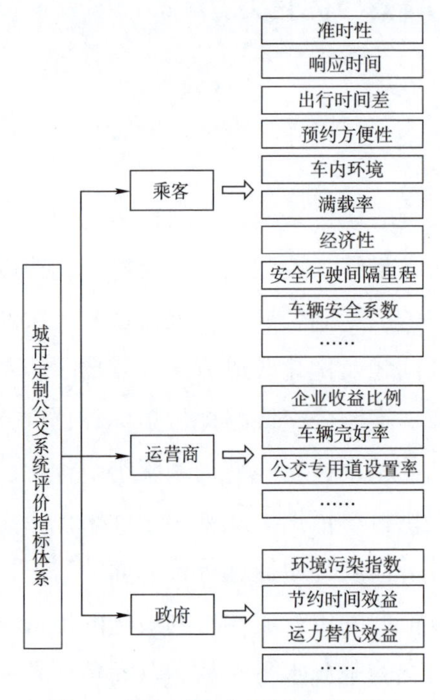

图 11-3　城市定制公交系统评价指标体系

卢小林等人从乘客、运营商政府三个层面构建共 15 个指标的定制公交综合评价指标体系，建立基于层次分析法的灰色关联度综合评价模型，填补国内外关于定制公交评价的空白。林青从准时性、出行消耗、舒适性、社会效益四个方面进行研究，共确定 11 个评价指标，初步建立定制公交系统综合评价体系及灰色关联度综合评价模型，选取北京市定制公交典型线路进行评价。分析结果表明，定制公交为乘客提供了高质量的出行服务，在准时性、出行消耗、舒适性、社会效益等方面的综合评价有较为明显的优势。刘毅从乘客感知、运营企业和综合效益三个层面构建城市定制公交发展评价指标体系，以拉开档次法和可拓性物元分析法的思想构建城市定制公交发展评价模型。

二、线路优化策略

定制公交的线路优化设计是运营调度系统服务的关键，是车辆调度、时刻表制定和人员排班等运营计划活动的必要前提。不合理的线路设计不仅会影响定制公交票价、停车次数和行程时间，还会显著影响出行者对定制公交服务的满意度，制约定制公交服务的发展。因此，定制公交系统运营的基础和核心问题就是如何权衡居民的出行需求和运营者的经济效益，为定制公交设置最优的运行线路。

1.站点松弛时间

站点松弛时间是指车辆可以离开基准路线的空闲时间。如果松弛时间过长，必然会增加绕行距离和绕行时间。如果松弛时间过短，会降低公交匹配率，降低企业运营效率。通过合理设计松弛时间，可以控制实时需求和预约需求之间的平衡。Zheng 等建立了包括车辆运营成本和客户成本在内的系统成本评估的理论模型和仿真模型，并在预期需求水平下分析了部分 / 全部站点使用松弛时间窗场景。结果表明，即使部分站点使用松弛时间窗，松弛到达策略也能有效地降低站点的拒载率和空闲时间，并损失非常有限的额外行程时间和等待时间。但是，松弛时间窗口有一个上限，通常为几分钟，较大的时间窗口不会提高系统性能。

2.动态站点策略

定制公交很少情况下是频繁的公交服务，大多数定制公交线路服务的时间间隔至少为 1h，不拒绝的假设条件不现实，因为等待下一辆可用车辆会使乘客难以遵循他们的日常计划。Qiu 等提出了一种动态站点策略来改善在不确定出行需求的运营环境下弹性路径公交的性能，在该策略中，被接受的路缘到路缘停靠点被标记为临时站点，被拒绝的上车和下车请求可以使用这些站点。对现实生活中的弹性路线服务的研究表明，当意外的高出行需求超过偏移服务的设计能力时，所提出的动态站点策略可以在不增加任何运营成本的情况下减少高达 30% 的用户成本。

3.服务区域设计

定制公交不能无限制地响应全部动态请求，车辆行驶路径只能在一定程度上偏离初始路径，将一定范围内的新站点插入到当前路径中。定制公交在响应实时需求时，为确保绕行距离和绕行时间控制在一定范围内，需要提前划定相应的服务区域，行驶过程中的车辆不能响应服务区外的交通需求。大多研究将服务区设置为矩形，假设需求连续均匀分布，简化路网，降低模型求解难度。Zhao 等在期望服务水平约束下，分析了服务周期时间与服务区长度和宽度的关系。研究发现，当服务区长度设置为公交车速乘以周期时间的一半时，系统效率最高。Li 等将一个大的矩形服务区划分为若干个小的矩形区域，建立了考虑客户服务质量和车辆运营成本的总成本函数分析模型。对于固定路线和需求响应的接驳服务，使用闭合形式的表达式和数值程序来推导最优区域数目。然而，上述假设过于理想，对复杂的地区适应性较低。国内外学者对城市路网的多样性、需求时空分布的不均衡性以及封闭居住小区进行了相关研究。Pan 等为不规则形状和封闭式社区设计了一种灵活的接驳系统。在给定需求采集节点之间的出行时间和车队规模的情况下，提出了一个两级优化模型来设计合适的服务区和路径规划。潘述亮等认为，最大服务区应该是圆形的，在给定客流需求和车队规模的条件下，建立了双层混合整数线性规划模型，同时求解最优服务区和车辆服务路径。苗一迪提出了一个决策模型，该模型引入效用函数来度量整个系统的扰动，以最大化系统的整体效用为目标，生成一个可行的服务区。

4.激励策略

基于用户的迁移是一种平衡需求和供给的新方法。激励用户参与平衡的想法首先出现在 Barth 等人的研究中，其中在激励下向用户提出了出行加入和出行拆分策略。Febbraro 等人还应用激励措施来影响用户的目的地选择，以便控制车队的分布。Angelopoulos 等人定义了一个激励方案，奖励那些接受从供应过剩的加油站取车并将车送到供应不足的加油站的用户。Wang 等人提出车辆奖励政策和车站奖励政策作为激励措施。采用排序方法来决定适合部署奖励的候选车辆和站点。

定制公交运行性能受到车辆路线、停车次数和绕行时间长度的限制。如果部署大容量车辆，额外的绕行和停靠将无法显著避免。需求控制方面是一个可能的出路。通过向乘客发放奖励可以将他们吸引到聚集地点，并减少车辆绕行时间。如图 11-4a）所示，车辆为了满足乘客的需求而增加了绕道和掉头，同时行程时间增加，停靠次数增加。可以通过引入激励这一需求侧工具来影响乘客的出行行为，以缓解额外绕行问题。如果乘客可以获得金钱补偿作为激励，并且可以改变出发和到达地点，可以减少停留和绕道的次数，如图 11-4b）所示。Wang 等提出了一种将分散出行选择模型与车辆路径模型相结合来确定激励方案的方法。首先，建立离散选择模型，将乘客的出行选择概率与货币激励、步行时间和出行时间的影响联系起来。然后采用基于取货和送货问题的车辆路径模型来生成车辆路线和时刻表，以服务受影响的乘客。结果表明，该方法可以减少总行驶里程数，缩短上车时间，增加利润。

三、线路调整

定制公交调度问题是公交运营规划中的关键问题，也是一个具有挑战性的问题，根据乘客能否进行实时预约，可将其分为静态调度和动态调度。静态调度是指在发车前已知所有需求，并已形成线路方案，在服务运营过程中不能响应新的出行需求。目前，多采用运筹学模型来解决静态调度问题。静态调度大多不能满足实际运行环境的动态需求，因此动态调度作为静态调度的扩展，在静态调度方案完成的基础上采用插入式启发式算法，响应实际运行过程中产生的动态需求，在一定的约束条件下实时更新路径。在以乘客需求为导向的定制公交线路设计问题中，出行需求的实时便利性要求和定制公交运营者的运营成本最小目标是相互矛盾的。此外，为了满足实时的出行需求，往往要改变行车路线、增加停靠点和增加行程时间，这可能会牺牲预约出行者对定制公交服务的满意度。动态定制公交具有实际可行性，但现有研究基本是在静态线路基础上小范围“偏移”的动态定制公交，考虑到高成本等现实因素影响，暂未实现真正意义上的动态定制公交。主要有以下矛盾：动态服务区域越小，潜在的乘客需求就越少；动态服务区域越大，单车车辆绕行距离过长，乘客出行时间过长。

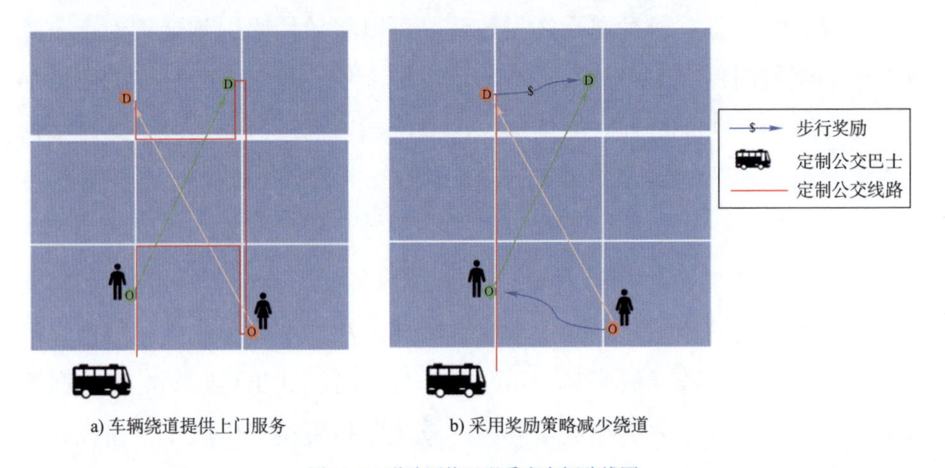

图 11-4 道路网络运送乘客车辆路线图

邱丰等设计了一种可同时处理预约需求和实时需求的两阶段车辆调度模型。第一阶段模型以预约需求为服务对象，建立了以乘客出行成本和车辆运营成本最小为目标的路径优化模型，采用模拟退火算法对模型进行求解，获得车辆初始行驶路径方案。第二阶段模型以实时需求为服务目标，在原定行驶路径方案上利用启发式插入算法将 4 类乘客排入车辆行车计划中。Huang 等以提升定制公交服务率和运营商利润为目标，第一阶段收集实时信息，第二阶段针对上下车点是否新增的三种不同情形分别建立三个最优化模型并提出对相邻公交进行逐个测试的实时搜索算法，可在 0.38s 内求解，保证实时路线优化的可靠性。Wang 等针对路网中的静、动态乘车请求，构建乘客旅行时间和公交公司运营成本最小化的多目标优化模型，采用非支配排序遗传算法（NSGA-Ⅱ）求解，可将求解结果实时反馈给驾驶员，实现动态互动。

第三节　智能算法

自动算法设计在解决复杂的组合优化问题中引起了相当大的研究兴趣，这是因为大多数元启发式算法在某些问题或相同问题的某些实例中可能特别有效，但在其他方面表现不佳。人工设计的算法性能高度依赖于人类专家的经验和努力，设计自动化算法有助于将人类专家从烦琐的设计过程中解放出来，并探索更大范围的候选算法。随着进化计算的成功研究成果，自动算法设计的研究也迅速发展起来。基于算法设计空间和不同目标决策，Qu 等定义了一种新的分类法，将当前自动化算法设计的研究分为三个主题，即自动配置、自动选择和自动组合。

自动配置：根据一组给定的训练问题实例，自动配置预定义目标算法的参数。

自动选择：根据一组训练问题实例，从所选算法及其相关参数的组合中自动进行选择。

自动组合：通过合成启发式算法或某些算法的组件来自动生成通用算法，以解决问题。

自动算法设计的三条研究路线之间的根本区别在于决策空间。自动算法配置关注目标算法模板内的参数决策空间，而不是自由地组成算法组件本身。产生的算法可能是相同目标算法的变体，最适合离线解决训练和未见的测试实例。自动算法选择探索了一个具有一系列给定目标算法的决策空间，这些算法根据训练实例的一些特征进行分组，以离线解决类似的测试实例。自动算法组合探索组件的决策空间或启发式，以灵活地组合它们。生成的结果算法是新的和通用的解决不同的未见的组合优化问题。

实际中组合优化问题经常具有不确定性，现有的研究主要集中在确定性变量的算法开发上，其中定义的参数假设预先知道。在大多数现实场景中，不总能够获取所有问题特征的准确信息。由于没有明确考虑不确定性而过度优化，从这些确定性方法得出的解决方案可能在执行过程中迅速恶化。在这种情况下，产生的解决方案往往会遇到服务质量差、成本增加、解决方案不可行等各种问题。针对真实世界中组合优化问题中的不确定性，Zhang 等提出了一种新的超启发式方法，该方法使用双深度 Q 网络来训练不同问题解决场景下的一组低级别、人类可解释的启发式算法中的启发式选择模块。通过两个组合优化问题评估该方法的性能和实用性，实验结果表明，与现有的求解方法相比，该方法具有更好的求解性能；与传统的深度强化学习方法相比，所提出的深度强化学习超启发式的可解释性有所增加。

车辆路径问题及其变体作为研究最多的组合优化问题之一，进化算法和计算智能技术已被广泛研究，用于具有复杂约束的 VRP（Vehicle Routing Problem，车辆路径问题）变体。Qu 等人定义了一种新的模型——通用组合优化问题（GCOP），将算法设计本身建模为组合优化问题，其解是自动生成的用于求解跨域组合优化问题的新算法。GCOP 的基本思想是将算法分解成基本的算法组件，然后可以更灵活地组合和优化这些组件，从而自动设计新的通用算法。利用新的 GCOP 模型，本章定义了一个集合 A1.0，其中包括在文献中被广泛研究的组合优化问题的最常用的基本算法组件。在新的标准下，演示了 GCOP 模型在车辆路径问题中的应用，展示了它对大量现有算法建模的有效性。大多数启发式算法都是为特定的问题模型设计的，不易扩展到解决其他问题，甚至是同一问题的其他实例。Meng 等人提出了一种新的通用 AutoGCOP 框架，用于自动组合基本算法组件，从而支持局部搜索算法的自动化设计。在一致的 AutoGCOP 框架下，证实了带时间窗约束的车辆路径问题（VRPTW）的基本算法部件具有令人满意的性能。Yi 等人在一个通用的算法设计框架内，研究了强化学习在元启发式算法自动设计中的应用。在具有时间窗基准数据集的容量受限车辆路径问题上的实验结果表明，两种学习模型都达到了与目前文献中最知名的结果（即大多数情况下差距值小于 5 %）非常相似的最佳效果。SabarN 等人提出了一种基因表达式编程算法，在实例求解过程中自动生成超启发式框架的高级启发式，而不是使用人类知识设计高级启发式。通过 HyFlex 软件提供的 6 个不同场景（包括车辆路径问题）的著名组合优化问题，验证了所提出的超启发式算法的通用性。SabarN 等人提出了一种新的高层策略，用于超启发式框架。所提出的高层策略利用基于动态多臂强盗——基于极值的奖励作为在线启发式选择机制来选择适当的启发式在每次迭代中应用。此外，SabarN 等人还提出了一个基因表达式编程框架来自动生成每个问题实例的接受标准，而不是使用人工设计的标准。

自动化算法设计的目的不是试图击败所有其他手动设计的元启发式算法，而是开发一种有效的搜索算法，而不需要太多的人工参与。然而，目前的自动化算法设计研究仍然需要一些人类专业知识和经验研究来手动选择参数、目标算法 / 解算器或启发式 / 组件，要实现自动算法设计，仍然存在挑战。定制公交线路规划是一个复杂的多个目标组合优化问题，智能算法的目标是找到解决给定优化问题的最优算法组合，自动设计用于优化问题的最佳算法，将智能算法应用到定制公交线路优化问题是未来值得研究的一个方向。

本章参考文献

[1] KE J, YANG H, ZHENG H, et al. Customized bus service design for jointly optimizing passenger-to-vehicle assignment and vehicle routing[J]. Transportation Research Part C: Emerging Technologies, 2017, 85(October 2016): 451-475.

[2] MA J, YANG Y, GUAN W, et al. Large-scale demand driven design of a

customized bus network: A methodological framework and beijing case study [J] . Journal of Advanced Transportation, 2017, 2017.

[3] 安久煜，宋瑞，毕明凯，等 . 高铁车站接驳公交灵活线路优化设计研究 [J] . 交通运输系统工程与信息 , 2019, 19(5): 150-155.

[4] LI Z J, SONG R, HE S, et al. Methodology of mixed load customized bus lines and adjustment based on time windows [J] . PLoS ONE, 2018, 13(1): 1-11.

[5] 胡郁葱，陈栩，罗嘉陵 . 多起终点多车型混载的定制公交线路规划模型 [J] . 广西师范大学学报 (自然科学版), 2018, 36(4): 1-11.

[6] 何民，李沐轩，税文兵，等 . 可靠性和舒适性对响应式定制公交线路设计的影响 [J] . 公路交通科技 , 2019, 36(5): 145-151.

[7] LYU Y, CHOW C Y, LEE V C S, et al. CB-Planner: A bus line planning framework for customized bus systems [J] . Transportation Research Part C: Emerging Technologies, 2019, 101(May 2017): 233-253.

[8] GUO R, GUAN W, ZHANG W, et al. Customized bus routing problem with time window restrictions: model and case study [J] . Transportmetrica A: Transport Science, 2019, 15(2): 1804-1824.

[9] 王正武 , 陈涛 , 宋名群 . 同时接送模式下响应型接驳公交运行路径与调度的协调优化 [J] . 交通运输工程学报 , 2019, 19(5): 139-149.

[10] 柳伍生 , 周向栋 , 贺剑 , 等 . 基于多需求响应的定制公交绿色线网优化 [J] . 公路交通科技 , 2018, 35(3): 132-142.

[11] PAN S, YU J, YANG X, et al. Designing a Flexible Feeder Transit System Serving Irregularly Shaped and Gated Communities: Determining Service Area and Feeder Route Planning [J] . Journal of Urban Planning and Development, 2015, 141(3): 1-9.

[12] 邱丰 , 李文权 , 沈金星 . 可变线路式公交的两阶段车辆调度模型 [J] . 东南大学学报 (自然科学版), 2014, 44(5): 1078-1084.

[13] HUANG K, XU L, CHEN Y, et al. Customized Bus Route Optimization

with the Real-Time Data [J] . Journal of Advanced Transportation, 2020, 2020: 8838994.

[14] WANG C, MA C, XU X D. Multi-objective optimization of real-time customized bus routes based on two-stage method [J] . Physica A: Statistical Mechanics and its Applications, 2020, 537: 122774.

[15] HAN Z, CHEN Y, LI H, et al. Customized bus network design based on individual reservation demands [J] . Sustainability, 2019, 11(19).

[16] 魏长钦 , 王伟智 . 随机需求下定制公交站点及路径动态优化模型 [J] . 福州大学学报 (自然科学版), 2020, 48(1): 98-104.

[17] 雷永巍 , 林培群 , 姚凯斌 . 互联网定制公交的网络调度模型及其求解算法 [J] . 交通运输系统工程与信息 , 2017, 17(1): 157-163.

[18] 申婵 , 崔洪军 . 基于可靠性最短路的实时定制公交线路优化研究 [J] . 交通运输系统工程与信息 , 2019, 19(6): 99-104.

[19] 彭巍 , 周和平 , 高攀 . 面向城际轨道交通的定制化接驳公交线路优化 [J] . 长沙理工大学学报 (自然科学版), 2017, 14(4): 49-54.

[20] 王超 , 马昌喜 . 基于遗传算法的定制公交多停车场多车线路优化 [J] . 交通信息与安全 . 2019, 37(3): 109-117.

[21] 王健 , 曹阳 , 王运豪 . 考虑出行时间窗的定制公交线路车辆调度方法 [J] . 中国公路学报 , 2018, 31(5): 143-150.

[22] 胡列格 , 安桐 , 王佳 , 等 . 城市定制公交合乘站点的布局研究 [J] . 徐州工程学院学报 (自然科学版), 2016, 31(1): 27-32.

[23] 刘超 . 定制公交线路和站点设计研究 [D] . 大连 : 大连理工大学 , 2019.

[24] 邱果 . 基于乘客出行方式选择的定制公交线路设计优化方法研究 [D] . 北京 : 北京交通大学 , 2019.

[25] 马昌喜 , 王超 , 郝威 , 等 . 突发公共卫生事件下应急定制公交线路优化 [J] . 交通运输工程学报 , 2020, 20(3): 89-99.

[26] 韩霜 , 傅惠 . 即时响应式定制公交调度优化 [J] . 公路交通科技 , 2020, 37(6): 120-127.

[27] DI HUANG, YU G, SHUAIAN W, et al. A two-phase optimization model for the demand-responsive [J]. Transportation Research Part C: Emerging Technologies, 2020, 111(2020): 1-21.

[28] 姚恩建，马斯玮，向镇，等. 面向铁路夜间乘客疏散的定制公交线路优化[J]. 北京交通大学学报，2021, 45(1): 78-84.

[29] 赵力萱，吴泽驹，何康园，等. 碳减排背景下定制公交路线规划方法[J]. 交通运输研究，2022, 8(3): 56-65.

[30] 陈汐，王印海，刘剑锋，等. 多区域通勤定制公交线路规划模型及求解算法[J]. 交通运输系统工程与信息，2020, 20(04): 166-172.

[31] WANG J, LIAN Z, LIU C, et al. Iterated clustering optimization of the split-delivery vehicle routing problem considering passenger walking distance [J]. Transportation Research Interdisciplinary Perspectives, 2023, 17(December 2022): 100751.

[32] DOU X, MENG Q, LIU K. Customized bus service design for uncertain commuting travel demand [J]. Transportmetrica (Abingdon, Oxfordshire, UK), 2021, 17(4): 1405-1430.

[33] SUN B, WEI M, YANG C, et al. Solving demand-responsive feeder transit service design with fuzzy travel demand: A collaborative ant colony algorithm approach [J]. Journal of Intelligent & Fuzzy Systems, 2019, 37(3): 3555-3563.

[34] 卢小林，张娴，俞洁，等. 灵活型定制公交系统综合评价方法研究[J]. 公路交通科技，2015, 32(5): 135-140.

[35] 林青. 定制公交服务的评价指标及模型研究——以北京市为例[J]. 调研世界，2016(2): 46-49.

[36] 刘毅. 城市定制公交线路规划及发展评价研究[D]. 西安：西安建筑科技大学，2015.

[37] ZHENG Y, LI W, QIU F. A slack arrival strategy to promote flex-route transit services [J]. Transportation Research Part C: Emerging

Technologies, 2018, 92: 442-455.

[38] QIU F, LI W, ZHANG J. A dynamic station strategy to improve the performance of flex-route transit services [J]. Transportation Research Part C: Emerging Technologies, 2014, 48: 229-240.

[39] ZHAO J, DESSOUKY M. Service capacity design problems for mobility allowance shuttle transit systems [J]. Transportation Research Part B: Methodological, 2008, 42(2): 135-146.

[40] LI X, QUADRIFOGLIO L. Optimal Zone Design for Feeder Transit Services [J]. Transportation Research Record: Journal of the Transportation Research Board, 2009, 2111(1): 100-108.

[41] PAN S, JIE YU P D, Yang X, et al. Designing a Flexible Feeder Transit System Serving Irregularly Shaped and Gated Communities: Determining Service Area and Feeder Route Planning [J]. Journal of Urban Planning and Development, 2015, 3(141): 4014028.

[42] 潘述亮，俞洁，邹难，等. 含特殊需求的灵活接驳公交服务区域与路径选择[J]. 东北大学学报(自然科学版), 2014, 35(11): 1650-1654.

[43] 苗一迪. 柔性路径公交车服务区域的决策模型研究[D]. 大连：大连理工大学，2011.

[44] BARTH M, TODD M, XUE L. User-Based Vehicle Relocation Techniques for Multiple-Station Shared-Use Vehicle Systems [J]. Transportation Research Board 83th Annual Meeting-Preprint, 2003(4): 1-16.

[45] DI FEBBRARO A, SACCO N, SAEEDNIA M. One-Way Carsharing: Solving the Relocation Problem [J]. Transportation Research Record: Journal of the Transportation Research Board, 2012, 2319: 113-120.

[46] ANGELOPOULOS A, GAVALAS D, KONSTANTOPOULOS C, et al. Incentivization schemes for vehicle allocation in one-way vehicle sharing systems [Z]. 2016.

[47] WANG L, JIN Y, WANG L, et al. Incentive-Based Approach to Control

Demands for Operation of One-Way Carsharing System [J] . Transportation Research Record: Journal of the Transportation Research Board, 2019, 2673(4): 427-438.

[48] WANG L, ZENG L, MA W, et al. Integrating Passenger Incentives to Optimize Routing for Demand-Responsive Customized Bus Systems [J]. IEEE Access, 2021, 9: 21507-21521.

[49] QUADRIFOGLIO L, DESSOUKY M M, ORDÓÑEZ F. Mobility allowance shuttle transit(MAST) services: MIP formulation and strengthening with logic constraints [J] . European Journal of Operational Research, 2008, 185(2): 481-494.

[50] QU R, KENDALL G, PILLAY N. The General Combinatorial Optimization Problem: Towards Automated Algorithm Design [J] . IEEE Computational Intelligence Magazine, 2020, 15(2): 14-23.

[51] HUTTER F, HOOS H H, STÜTZTE T. Automatic Algorithm Configuration based on Local Search [C] . 2007.

[52] ZHANG Y, BAI R, QU R, et al. A deep reinforcement learning based hyper-heuristic for combinatorial optimisation with uncertainties [J] . European Journal of Operational Research, 2022, 300(2): 418-427.

[53] MENG W, QU R. Automated design of search algorithms Learning on algorithmic components [J] . Expert Systems with Applications, 2021, 185(June): 115493.

[54] YI W, QU R, JIAO L. Automated algorithm design using proximal policy optimisation with identified features [J] . Expert Systems with Applications, 2023, 216(November 2022): 119461.

[55] SABAR N R, AYOB M, KENDALL G, et al. Automatic Design of a Hyper-Heuristic Framework With Gene Expression Programming for Combinatorial Optimization Problems [J] . IEEE Transactions on Evolutionary Computation, 2015, 19(3): 309-325.

[56] SABAR N R, AYOB M, KENDALL G, et al. A dynamic multiarmed bandit-gene expression programming hyper-heuristic for combinatorial optimization problems [J] . IEEE Transactions on Cybernetics, 2015, 45(2): 217-228.

第十二章　平台系统建设设计

第一节　总体架构

定制公交平台系统架构主要分为两层，即数据基础层、业务应用层。同时，在具体建设过程中，需要各类确切有效的保障举措，以支撑平台建设的顺利进行和后续的迭代升级。平台系统架构如图 12-1 所示。

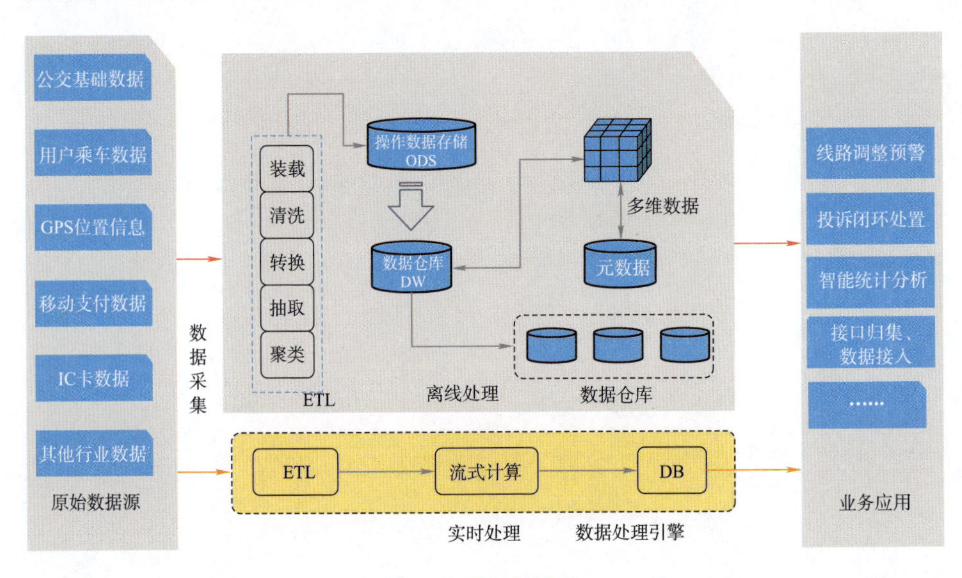

图 12-1　平台系统架构

其中，数据基础层作为系统建设的核心，建设要点在于强化数据归集和治理，提升数据真实性、准确性、完整性、可用性；业务应用层作为直接面向用户的窗口，其建设要点不在于大而全，而在于好用易用以及敏捷更新能力。

另需说明的是，本章所探讨内容隐含前提为定制公交运营主体仍维持现状即仍为各地公交企业，基于公交企业追求社会效益与经济效益统一之特性，定制公交平台系统建设需放在整体的公交数字化建设中进行综合考量而非完全脱开常规公交孤立设置，其中如数据资源复用、运营资源共享等均包含在这一前提中，此为背景。

第二节　数据基础

一、建设思路

建设公交数据资源中心，依托云资源、通信网络、传感设备等基础设施完善定制公交数据资源目录，通过数据治理等技术建立定制公交数据资源体系，通过数据共享等方式延伸定制公交数据资源服务，最终形成以“一仓五库”为代表的数据资源能力。

数据资源从来源可分为企业和行业两个层级，企业层级主要面向企业监控调度、运营生产等管理过程，实现对公交基础数据、动态运行信息的采集、处理和存储，形成统一的公交基础数据库和业务数据库；行业层级主要面向公交基础业务管理、综合运行监测、应急指挥调度、服务质量考核与发展水平评价、行业分析决策和乘客出行信息服务等业务需求，通过定期交换共享和实时采集的方式分别获取公交的基础数据、动态运行数据，形成统一的公交基础数据库、业务数据库与主题数据库。此外，作为公共资源的一部分，还需预留与上级交通运输主管部门、城市其他行业相关部门之间的信息交换共享接口。

值得注意的是，虽全国各地公交数字化建设程度不一，但以 2016 年公交移动支付出现为节点，独立于现有业务系统之外的各类公交数据开始呈现井喷状态，一方面如何利用该类数据成为普遍难题，另一方面在当前数字化建设的新形势下，公交高质量发展需要的业务数据范围和种类也逐步增多。因此，需要对现有公交数据进行统一整合，形成数据资源体系，达到数据资源深度开发和综合利用的目的。并在此基础上重构数据组织方式，由此前主要对单项业务数据应用、数据之间相互独立的形式，转为各类公交业务数据有效连通和应用的形式，从而实现对公交业务的有效支撑。

从公交业务服务支撑需求角度，建立业务应用关联数据分类，面向业务进行数据模型构建，对不同来源的数据按照业务属性进行整合、分类，对业务数据的来源、共享方式、授权管理进行信息资源整合和共享思路的设计。

1.数据资源整合

根据集中存储的数据形式和最终数据供给方式的不同，可分为数据源聚合、数据源同步和逻辑整合 3 种整合方式。

（1）数据源聚合方式。

对已建信息系统数据资源进行迁移是数据资源聚合的主要方式，在信息系统升级改造后，在统一的数据基础的平台上对数据资源进行聚合，在业务数据区进行核心业务的数据存储，再按照业务类型、基础数据的种类对业务对象进行模型转换后，按照集中统一存储空间进行数据仓的建设，面向业务类型、方向、统一整合共享方式对数据体系进行关联和挖掘，形成公交业务数据整合体系，同时对元数据进行抽取，形成数据类别清单，按照数据整合库的方式对各应用系统业务库数据资源进行迁移整合后，由原数据责任业务部门对元数据进行动态更新。数据仓主要对实测数据共享方式进行需求承载。

（2）数据源同步方式。

数据源同步方式主要以不迁移部署原业务系统，仅按照数据来源和使用方式进行同步，即在数据映像库形成迁移整合后的数据资源的备份和镜像。按照公交业务对不同数据按照面向对象类型进行转化后，在相对独立的镜像空间内进行数据存储仓库的集中空间建设。按照统一共享、整合的方式进行数据体系的有机挖掘，通过对元数据进行抽取后形成数据资源的分类目录。由于信息系统同步运行保持数据资源的动态更新，数据仓库对数据的共享和使用需求进行满足。原生产库仅需提供接口供共享服务库抽取数据。

（3）逻辑整合方式。

逻辑整合方式主要针对不能进行同步聚合的数据资源建立整合资源目录。逻辑整合方式是指将数据资源对应的数据在数据仓进行数据资源目录的统一存储，在原有的物理环境中对原始数据进行存储。这类数据一般具有极强的专业性，共享需求不大，或者具有涉密和不易公开性，只将数据资源目录进行共享。整合后数据资源目录的共享使用由数据仓库承载。

2.共享方案

（1）数据资源共享。

数据资源同步聚合后，数据共享通过数据仓进行承载，结合数据交换共享授权方式实现数据的共享和交换。各业务主管部门负责对数据整合和共享进行需求申请，数据来源部门负责对数据共享权限进行设定，归口管理部门负责数据共享技术支撑。

（2）数据资源目录共享。

数据资源目录是将公交企业所有的数据资源，统一编制数据资源目录体系，形成唯一的公交数据资源目录服务体系，为公交数据资源的统一管理、发布、查询和统计服务提供支持。整合后的数据资源目录可以为对内业务系统和对外数据输出提供服务。

二、数据目录

按照数据来源的不同，主要分为企业层数据和行业层数据，采取不同的管理方式。

1.企业层数据

主要对采集的人、车、站、线、场等静态数据，以及支付交易数据、车辆位置数据、CAN 数据、排班数据、调度数据、运营数据等多源数据进行清洗、融合和标准化治理，确保数据质量。作为公交基础数据平台和线路档案，可检测静态数据偏差，并具备对站点、线路、人员、车辆、场站等数据方便维护的功能。

数据采集坚持“一数一源、充分共享、连续更新”原则，避免重复采集，确保信息的完整性、及时性、准确性。各类信息的最低采集更新频率要求应参考表 12-1。

企业层数据　　表 12-1

序号	类别	内容	最低更新频率
公交基础信息			
1	公交企业	企业名称、企业组织机构代码、企业地址、企业类型、注册资金、员工人数、运营线路数、法定代表人、联系方式、经营资质、安全生产标准化达标、服务质量信誉等级等基础信息	每年更新
2	从业人员	姓名、性别、出生日期、身份证件类型、身份证件号码、联系地址、联系电话、工种、驾驶证、培训、连续教育等基本信息	每季度更新
3	车辆	车牌号码、所属企业编码、车辆类型、车牌颜色、车辆长度、车架号、发动机号、燃料类型、排放标准、座位数、额定载客人数、购置及使用、设备配置等基础信息	每季度更新
4	运营线路	线路名称、线路长度、平均站距、运行线路图、站序、线路类型、详细站点、运营时间、票价等基础信息	每季度更新
5	公交站点	名称、位置、站点类型、站台类型、站牌类型、站牌数量、其他设施等信息	每季度更新
6	公交专用道	所在道路名称、起点位置、终点位置、长度、车道宽度、设置方式等信息	每季度更新
7	公交枢纽	枢纽名称、对外交通方式、类别、等级、枢纽经纬度等信息	每季度更新
8	公交停保场	场站名称、面积、场站类型、场站功能、维护级别、修理能力、服务人员数、停车位数量等信息	每季度更新
9	地理空间数据	城市基础地理空间数据、道路网数据、公交地理数据（包括公交线路、专用道、站点、场站）等	每季度更新
公交运营信息			
1	车辆运行信息	车辆编号、所属线路、上下行、定位时间、位置坐标、方向、速度、停靠站点以及车辆总线数据等信息	实时更新
2	视频监控信息	车内、场站等的视频监控信息	按需实时获取
3	客流监控信息	IC 卡刷卡交易信息、带客流统计的智能投币机客流采集信息、其他客流采集设备所采集到的客流信息数据	实时更新
4	运营计划信息	季度计划、周计划、高峰计划、节假日计划等信息。计划内容包括线路编号、时间段、计划发车趟次等信息	每月更新

续上表

序号	类别	内容	最低更新频率
5	运营服务信息	发车班次、计划完成情形、运行时间、超速次数、甩站次数、带速开关门次数、运营里程、非运营里程、能源消耗等信息	每日更新
6	运营事故信息	事故时间、事故地点、事故类型、车辆牌照号、客伤人数、客死人数、经济缺失、结案时间、处理结果等信息	每月更新
7	应急资源信息	应急治理机构、应急队伍、应急物资、应急预案等信息	每季度更新
综合分析与服务信息			
1	综合统计信息	发车班次数、班次兑现率等运力信息，首末班发车正点率、平均运行速度等运行效率信息，站点客流、线路客流、断面客流等客流信息	每日更新
2	服务质量评判信息	评判指标，服务监督，服务投诉，中意度调查等信息，安全性、便利性、舒服性、可靠性等分项考核信息，总体考核信息	每季度更新
3	发展水平评判信息	评判指标信息，公交系统综合性能、政府保障能力与治理水平、公众体验、综合效益等分项评判信息，总体评判信息等	每季度更新
4	乘客服务信息	公交基础信息、换乘、车辆到站预报、运行异动、交通路况、交通气象、IC 卡充值等信息	基础数据按需更新，动态数据实时更新

根据建设内容和实际数据需求，综合考虑网络传输等技术条件，采用合适的数据采集方式和技术方案。数据采集方式有以下几种：数据交换平台、数据库共享、网络服务接口、电子数据批量导入、数据人工录入等。数据采集过程中需加强数据质量管理和控制，建立数据质量管控机制和处理流程，包括数据质量监控、数据质量问题处理、数据质量评估、数据质量报告等。

企业层数据主要可分为三类，一类数据为公交基础信息，如从业人员、车辆、站点等；一类数据为公交运营信息，如车辆运行状况实时信息、运营计划信息等；一类数据为综合分析与服务信息，即在基础数据之上按照基础数据模型形成的如发车正点率等综合统计信息、安全性满意率等服务质量评判信息等。

2.行业层数据

主要是指来源于政府部门、行业合作的所有权非归属于企业自身的公共数据，如交通路况、信令数据、天气状况、临时管制措施等，其价值利用是有效补充数据缺失、建构完整数据模型的必要补充。在行业数据利用方面，须根据其特性从全面规范角度综合考虑有效实现的方案。

（1）多样性数据。数据利用场景决定数据价值，同样的数据使用场景越特殊其价值越大，而且不同数据间的结合也影响其价值。将相同的行业数据与不同的数据聚合在一起应用于不同的算法或分析目的有可能会得出不同的结论，释放不同的价值。大部分行业数据具备多样性特征，可长期获取使用，也已经反复在不同场景的使用中得到验证，具备较高的数据质量。因此，在数据目录构建过程中，对该类数据应予以重点关注，尽可能丰富应用场景，力求发挥数据价值。

（2）限制性数据。泛交通行业数据承载着诸多利益，包括但不限于个人隐私、商业秘密、国家安全等。在行业数据利用前应进行必要的技术处理，尽可能降低因数据利用而给特定主体利益造成损害的风险。因此，在数据目录构建过程中，对该类数据应设计更为严格规范的安全制度，保障公共利益不受损。

（3）不确定性数据。相对技术方案具有较高确定性而言，行业数据作为一个数据集合，其边界难以事先确定，唯有数据使用者提出具体使用请求时方能最终确定数据开放许可的数据集合范围。在数据目录构建过程中，对该类数据应降低依赖程度，规避技术方案调整风险。

综合而言，行业层数据相比企业层数据拥有更大的流动性，既对数据目录乃至数据资源体系完整搭建具备重要意义，也需要时刻关注其应用风险，随时保持数据目录更新。同时，公交自有的企业数据对外也是行业数据的重要组成部分，在定制公交数据资源体系构建过程中，二者相辅相成、不可或缺。

三、数据治理

相较于数据目录建设，完善成体系的数据治理方案亦极为重要，是破解信息孤岛、数据质量不高、信息安全隐患等数据管理难题的行之有效的做法。数据治理方案，主要涉及对数据开展数据梳理、数据标准制定、数据治理体制机制建立等工作。

1.数据资源中心

针对当前大数据项目普遍存在的问题，遵循“统筹规划、引流拓源、精细治理、标准权威、统一服务、敏捷开发”的设计思路，开展数据资源中心建设。

2.数据目录体系

设计服务目录的生命周期管理功能。目录生命周期管理面向用户提供目录服务的编目、审核、发布、展示、检索、申请、使用以及维护、监控、优化的全过程管理功能，通过该项功能实现服务全生命周期的监控和管理。

3.数据标准体系

建立数据标准体系，坚持统一标准、统一管理、唯一来源的原则。

（1）统一标准原则。

信息化应用系统采集和产生的数据，应遵循国家和发布的相关数据标准及制定的数据标准和接口标准，包括数据编码规范、元数据规范、非结构化数据统一描述规范、数据集统一描述规范等。

（2）统一管理原则。

指定专人进行数据质量管理，在标准体系、权威部门的指导下，定期审核、规范数据生产过程。

（3）唯一来源原则。

对于部分指定的唯一来源数据，其他单位只能引用和衍生，不能采集和更改。

4.数据质量保障体系

为满足业务运行、管理与决策的程度，对数据质量有以下五个方面的评价维度：

（1）准确性：数据是否能够准确、真实反映实际信息，以及是否符合数据标准的要求。

（2）完整性：业务操作所需要的数据是否完备。

（3）时效性：数据是否能够及时被获取，以及是否能够反映当前业务情况。

（4）一致性：反映同一业务实体的数据及其属性是否具有一致的定义和含义。

（5）适当性：数据是否在可控、安全的范围内发布和使用。

5.数据管理体系

完善整体数据管理和运维体系，提供数据可视化管理和操作规范，包括角色、权限、元数据管理规范，并且建立数据运维规范，包括数据质量监控、数据查询、数据调用等数据运维规范，以规范相关人员对数据体系的管理和维护行为，保障数据体系运行可靠稳定。

四、数据共享

完善业务协同和数据共享，健全跨部门、跨地域、跨层级、跨主体、跨业务数据互联互通和协调推进机制。发挥市场主体作用，科学配置各类资源要素，参与构建跨界融合、共创共享的数字交通产业生态。

1.跨部门共享

推进政府及相关部门将数字化业务应用和公共服务向公交延伸；建立联合开发和推广机制，实现部门间基础平台和服务系统数据共享和业务对接。

2.跨地域共享

推动市场主体建立跨地域合作服务体系。全面对接省（区、市）级数据平台，逐步建立跨区域乃至与国内其他省（区、市）的数据共享和业务协同模式。

3.跨层级共享

政企合作开发有关数字化平台，以数据能力开展咨询规划、设施建设、应用开发、运营维护等服务。在保障数据安全、商业秘密和个人隐私前提下，开展数据共建共享。

4.产业链共享

企业开展公交产业链上下游企业间多元化合作，建立市场化、数字化业务协同体系。

公交数据形成完整资源体系是支撑包含定制公交在内的各类公交业务的基础，而完善的数据共享机制可以支撑在各类多跨场景下，创造更多数据价值，典型的如开放给 App、公众号、小程序和电子站牌等软硬平台提供信息服务；开放给交通行业主管部门为行业监测提供数据支持；开放给政府为各部门管理决策提供数据共享；开放给规划部门为城市规划提供数据依据等。

五、一仓五库

在数据资源体系完善、形成统一数据仓库的基础上，搭建模型库、算法库、知识库、规则库、工具库等五大智能库，以组件化模式支撑具体业务应用（图 12-2）。

1.模型库

模型库是基于公交行业对应的业务运行逻辑，通过典型应用场景分解与数据能力整合，建构的数据层面体现公交业务、公交运营以及包含基本业务分析的数据功能集，主要有路网模型、线网模型、速度模型等。

目前，我国尚无标准的公交数据模型库，公交企业往往是自行或联合少量企业、少量专业服务机构调研分析获取、建立数据模型。以此为前提所进行的业务生成、业务反馈和业务评价，因样本不具典型性和有效信息少，导致缺乏普适性。并且，各个企业都独立进行，存在很大的重复投入。因此，采用“互联网+”的理念、平台和技术获取大数据，建构大量专业的业务模型和建成业务模型库，成为公交行业发展转型升级的迫切要求。

2.算法库

算法库是基于公交行业庞大的数据量级、多元的数据来源、特殊的业务逻辑，以通用算法和针对具体使用场景建构的专用算法形成的数据功能集，主要有客流 OD 算法、客流重分配算法等。

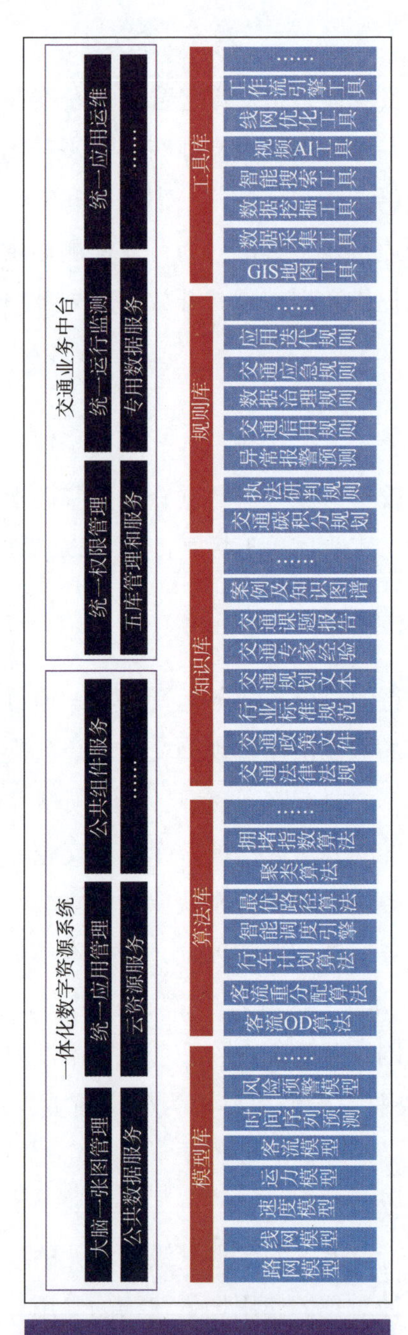

图 12-2　一仓五库体系图

就“算法”字面意义而言，它是计算机解决问题的流程，往往需要根据不同需求进行设计。得益于计算能力、数据产生能力以及算法更新水平三个方面的不断进步，面向不同行业已发展出大量算法，并形成了一系列的算法库，以应对具体使用场景需要，著名的有电商行业的推荐算法、搜索行业的索引算法等等。然而，虽然目前可供选择的“工具箱”越来越丰富，但由于公交行业的专业性、复杂性，在通用算法之外，对解决具体问题的专用算法及相应应用的需求在直线上升，仍需要发展更多的专用算法以提升可用算法库的水平。

3.知识库

知识库是基于公交行业的特殊性，引入外部数据源与业务现状相对照，以数据孪生、即时更新为基本特征，构建的体现外部对公交运营要求的数据功能集，主要有交通法律法规、交通政策文件、行业标准规范等。

公共交通属于典型的公共事业，其日常运营受到较多的国家法规、地方条例、行业规范等具体限制，如节假日、重大活动期间，公共交通所承受的限制通常单独设置，其所履行的职能也与私家车辆等不同。这项特征导致交通行业通用的数据建模及数据计算方法难以保障业务结果计算的正确性，而以多元获取、业务回溯的方式累积新的知识规则，和外部获取的已有知识规则组合，形成专门分类的、随时更新的知识库正是解决上述困难的关键手段之一。利用该知识库，既可以按要求灵活调整公交业务模式，又可以为交通行业整体升级、提升社会利益提供新手段。

4.规则库

规则库是基于公交行业内生性业务规则构建，不仅是其数据化体现，更以促进数据体系规范化、促进数据来源标准化为目标的数据功能集，主要有交通碳积分规则、交通信用规则、交通应急规则等。

在前文所述的被动接收的知识库涉及法规条例之外，公交行业另有主动构建或参与构建的各类规则。如曾经的公交移动支付建设，需要依赖外部的信用支付能力进行托底；如新兴的碳达峰碳中和目标，为鼓励双碳目标在公交领域实现，需要联合外部共同搭建碳积分体系。这类规则的目的性较强，当业务应用形成一定规模以后，即需采用统一的规则库进行底层架构管理。分库的益处在于便于内外部集中利用该类规则，快速构建数据规范体系，催生数据应用场景。

5.工具库

工具库是基于公交行业自采数据，通过标准工具和标准体系构建出共享能力，大幅度丰富数据使用场景、提高数据使用价值的数据功能集，主要有数据采集工具、数据挖掘工具、线网优化工具等。

数据的价值在于开放使用，以各类行业标准为蓝本建构起规范有序的数据工具是推动数据价值最大化的有效方案。只有在构建出基本的数据共享工具，创造出标准的数据共享手段，才能以相对科学合理的方式验证数据应用的广阔前景。一方面，数据对外开放意味着对自己提供的数据的真实性合法性等承担义务，对该数据承担瑕疵担保责任，有助于敦促自身提高数据质量；另一方面，数据在外部使用产生的结果通常与自身业务具备高度相关性，其不同实施结果可以在自身较少参与、较低成本投入的情况下证明不同算法模型的可行性，有利于以更高的视角重新审视数据价值。

一仓五库协同与互动示意如图 12-3 所示。

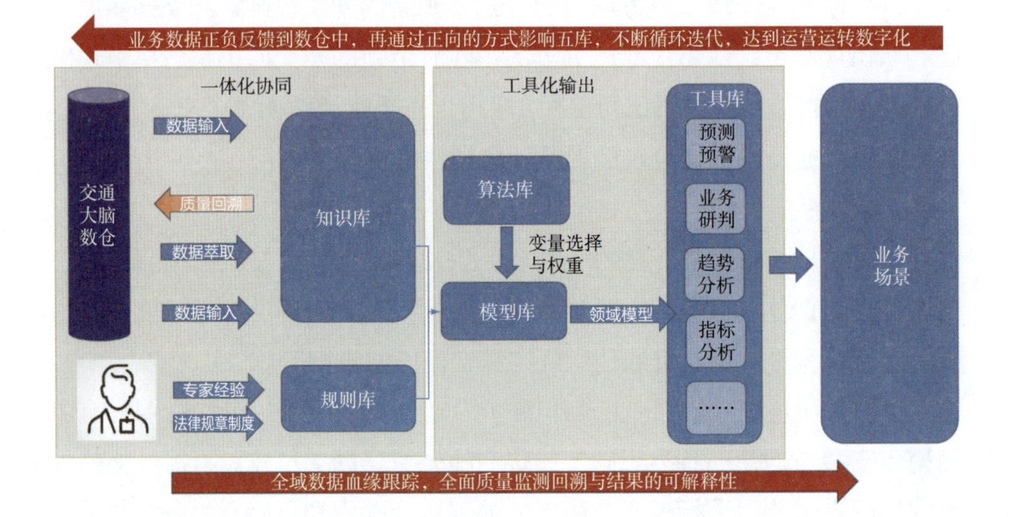

图 12-3　一仓五库协同与互动示意图

第三节　业务应用

一、建设原则

坚持以下建设原则，构建定制公交场景应用体系。

1.系统思维，规范统一

定制公交建设是项系统工程，要以系统解决思维，坚持“统一规划设计、统一技术标准、统一立项审批、统一数据底座、统一运行维护”，实现数据融合贯通、系统综合集成、治理协同联动，发挥整体最大效益。

2.问题导向，突出重点

聚焦城市公共交通“乘车时间长、候车时间长、服务方式单一、响应不及时”等老百姓急难愁盼和行业治理重点难点问题，按照需求的迫切程度，企业、社会共同发力，突出重点、稳扎稳打、确保实效，分步实施推进。

3.迭代升级、自我成长

注重新技术与业务的深度融合创新，打造数据、模型、技术、安全四大核心能力，并通过核心能力的集中共享、迭代成长，让定制公交系统具备越来越强的自我更新能力。

4.多方协同，共建共享

充分挖掘调动政府、企业、社会等各方积极性，引导市场主体充分发挥市场优势，开展多样化的定制公交应用和服务探索，鼓励高端智库、高校、研究机构等外脑共同参与，合力推进定制公交建设，逐步构建多主体参与共建、共享建设成果的良性发展模式。

二、场景搭建

具体而言，定制公交应用场景从其服务的对象角度，划分为三大类，分别为智能 + 企业运营场景、智能 + 乘客端服务场景、智能 + 城市交通管理场景。

1.智能+企业运营场景

面向公交运营服务商，一般即指公交企业，为其提供服务优化、安全管理、运营模式创新等产业价值，以智能+业态促进公交企业经营痛点得到改善。

服务优化：主要体现为智能车辆调度功能与智能线路规划功能，凭借数字化赋能，对居民日常出行需求进行量化分析，重构供给端运力资源以最大限度满足公众需求，在一定程度上减少公众绕路、换乘，提高公共出行直达性。

安全管理：主要体现为智能设备维护功能，通过AI智能代替人工方式，进行车辆巡检，提高检测效率、实现潜在故障及时预警，减少由于故障造成的突发性停车，保障公共出行安全可靠性。此外，智能安全管理功能，基于场站与车辆内的客流分析与全貌监测，降低公交场站人群踩踏等事件发生风险，实现对扰乱社会治安秩序事件、危害公共安全事件的提早感知与应对，提高公共出行服务的安全保障。

运营模式创新：主要体现为公交运营全流程数字化，打通企业自身的企业管理系统、人力资源、合同系统、财务系统、线下票务、场站管理等环节，实现企业日常运营决策数字化，提高企业内部运营效率。

2.智能+乘客端服务场景

面向居民及游客等公交受众，通过“智能+”方式提高公交服务的准时性、舒适性、安全性、省时性，以增强公交服务吸引力。

行前服务：用户出行前，智能线路规划功能与智能出行时间规划功能，基于路况分析预测提供车辆到站时间发布、行程时间预估，帮助乘客合理安排行程，减少乘客在站点候车等待焦虑，提高用户对公交出行方式时间可控性认知；与此同时，基于公众出行需求进行分析预判，公交营运企业得以提早进行车辆调度，使得公交运力资源与潜在需求达到匹配，在一定程度上降低车厢与场站人群拥挤程度。

场站服务：场站内的智能票务服务与智能安检服务，分别依托城市居民线上支付体系、线上信用体系，实现减少安检、检票等环节时间目的。此外，智能调度功能与智能场站客流分析功能结合，将实现及时增派车辆，降低场站人流拥挤度，提高公共出行舒适度。同时，2020 年新冠疫情发生以来，依托公共场所“场所码”，场站服务在积极应对公共事件方面亦发挥了重要的作用。

在途服务：行车途中，智能车辆设备状态实时监控功能与智能驾驶员驾驶状态监测功能，为乘客的出行安全构筑屏障。此外，未来“智能＋公交”服务将对局部易形成拥堵路段，实现基于车路协同的指挥调控，以保障相比于其他交通出行工具，公交车辆拥有一定的优先通过权重，提高公交出行方式的省时性。

3.智能+城市交通管理场景

面向城市交通管理者，以智能交通管理平台为载体，提供智能道路交通分析预判、智能道路疏堵、智能规划决策、智能交通量化评估。

因该场景并非定制公交这一相对微量的城市交通模式所能单独构建，而应置于城市宏观视角来作整体谋划，故不详述。值得注意的是，“分析判断—决策定制—量化评估”等动作将形成闭环，对城市交通体系服务进行持续迭代打磨，提高城市运转效率。其中，定制公交提供常规公交之外的细节补充，是这一闭环的重要组成部分。

三、应用体系

在移动互联网、大数据应用日渐丰富、不可或缺的大背景下，不仅社会生活，公交行业的生产运营也发生着日益复杂的嬗变，定制公交作为公交新业态新模式的代表，既应积极拥抱新变化成为连接生产运营环节、激活数据价值的关键支撑，也理应成为加快公交行业效率变革、模式变革的重要引擎。基于此，定制公交应用体系分别聚力于宏观、中观、微观等多场景打造应用体系，挖掘开拓大数据价值，探索论证数据驱动运营的多重可能性。

1.宏观应用

从政府的宏观政务决策，到企业的生产管理，从电商平台的流量动态，到交通数据的实时监测，宏观数据的可视化正变得越来越重要。可视化数据大屏承载着对内信息共享、决策分析，对外信息公布、行业交流等重任，被越来越广泛应用。但就定制公交而言，事关民生，显然不应停留在“展示”这一简单维度。

以杭州公交为例，目前已实际投用的杭州公交数字驾驶舱融合了客流分析、线网管理、智能调度、智慧场站、信息服务、定制公交、公共自行车及数字安防等业务子系统，满足统揽全局、分业务总览、实际业务使用等不同需求（图 12-4）。

图 12-4　公交运营调度指挥中心（以杭州为例）

定制公交的宏观应用应以此为参照，对不同部门、不同层级对数据的需求进行分析、分解和统计，从而实现不同的数据控制权限和展示效果，各取所需。不仅作为业务展示的窗口，也应真正实现能管、能控。

2.中观应用

在中观层面，即定制公交实际运营所需的应用，开发过程应秉承软件运营服务（SaaS）化理念，聚焦核心应用，先期不苛求百分之百，相对成熟即可上线，针对后期实际生产运营需求再进行相应敏捷开发，快速迭代（图 12-5）。

图 12-5　用于日常运营的 SaaS 应用

采用 SaaS 模式开发的优势主要体现在：

（1）减少投入。将应用软件部署在统一的云端服务器上，降低最终用户的服务器硬件、网络安全设备和软件升级维护的支出。

（2）简单易用。SaaS 不需要复杂的安装与集成，方便用户使用。同时可免去硬件环境的限制，访问云端即可获取所需的功能。

（3）安全性高。SaaS 采取数据加密、防御和入侵检测等多种措施确保用户数据安全。

（4）自动升级。服务用户愈多，相应开发功能愈丰富。且可保持不间断在线，自动更新。

3.微观应用

伴随智能电子设备在社会生活中的广泛使用，在公交场景造就了众多不同以往的新型场景（图 12-6），不仅在乘客侧诞生了如公交移动支付、“实时公交”查询等新型需求，在驾驶员侧亦催生了如临时调度、精准统计等旧有需求在新场景下如何改良的问题。

公交服务的落点始终在于乘客，在乘客侧，定制公交应通过定制化 App、小程序乃至二维码等一系列轻量工具，并通过应用程序编程（API）接口工具将部分数据能力开放给社会面合作伙伴，以期从各个可能触点提升乘客的购票、候车、乘车体验，并通过线路评价等真实数据的回流，反哺定制公交营运本身。

事实上新场景也可以作为效率变革、模式变革的引擎，如在驾驶员侧，传统模式下，工时、里程等统计较大程度上依赖手工作业，耗时耗力且存在难以复核等缺陷，一定程度上限制了生产运营效率的提升。同时，常规公交与定制公交之间的转换也较为繁复。而通过驾驶员端小程序等轻量工具的开发，基于统一的数据底座，利用智能设备即可随时、实时查看相关统计情况以及临时调度信息，从而极大提高生产运营效率。

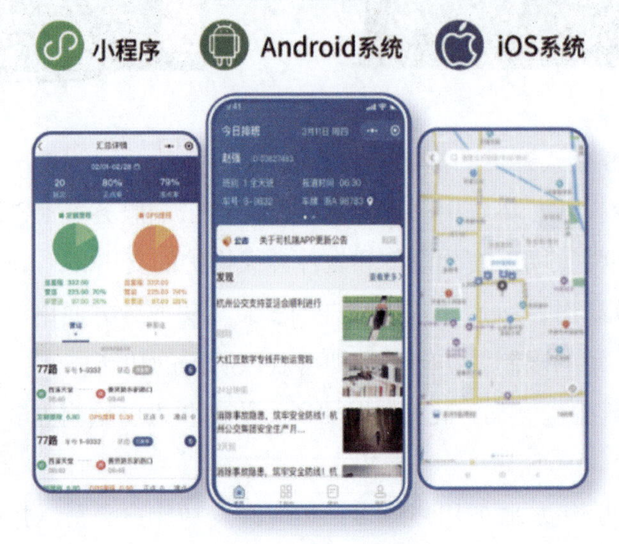

图 12-6　各类新场景应用

四、系统部署

定制公交具有需求多元化，场景复杂化的特点，为加速业务创新，在保证数据安全的基础上，采用“云管端”的部署方式，将所有前端感知数据接入后端管理平台进行统一管理、数据分析、智能应用等。

数据中台，应用系统需要汇聚并分析处理海量数据，且面向广大的市民、驾驶员提供稳定、快捷、多样化服务，需要庞大的计算资源以及快速扩容、扩展的能力，而采用云计算架构可以非常好地满足以上需求。

数据传输，数据汇聚系统功能相对较为稳定，但需要连通原有在用系统，打通数据孤岛，而原有系统大部分部署于数据中心。数据中心保密性高，数据安全性高，可控性强，可以确保重点数据的安全性。

数据终端主要包括公交车辆上的一体化智能车载终端以及面向公众服务的电子站牌等，通过互联网或专网获取应用系统的数据，并向公交驾驶员及公众提供对应的服务。

第四节　保障举措

需要指出的是，定制公交仍属于公交范畴，仍需要遵循公交体系的一系列规则，在此基础上进行相应的创新探索。故其保障主要体现在政策规章、建设运维、信息安全、标准规范保障体系等与常规公交相似的方面，总体上与常规公交和而不同、并行不悖。

政策规章保障体系包括城市公交行业监管的相关政策与规章制度，是系统建设的指引；建设运维保障体系包括建设规划执行以及长效运行机制制定，保障系统按进度建设、长期稳定运行和可持续发展；信息安全保障体系定义了安全技术产品，依据安全管理制度和技术规范，保障系统物理安全、网络安全和信息安全；标准规范保障体系包括系统建设中应遵守的各种国家、行业、地方标准，为实现资源整合和系统拓展奠定基础。

一、政策规章保障

国家战略实施为定制公交发展指明了新方向。2019 年 9 月，中共中央、国务院发布《交通强国建设纲要》，明确提出瞄准新一代信息技术、人工智能、智能制造、新材料、新能源等世界科技前沿，加强对可能引发交通产业变革的前瞻性、颠覆性技术研究。推动大数据、互联网、人工智能、区块链、超级计算等新技术与交通行业深度融合。推进数据资源赋能交通发展，加速交通基础设施网、运输服务网、能源网与信息网络融合发展，构建泛在先进的交通信息基础设施。构建综合交通大数据中心体系，深化交通公共服务和电子政务发展。同年，交通运输部亦出台《数字交通发展规划纲要》等文件，明确加快数字交通建设，数字交通是数字经济发展的重要领域，是以数据为关键要素和核心驱动，促进物理和虚拟空间的交通运输活动不断融合、交互作用的现代交通运输体系。

行业发展也为定制公交建设奠定了新起点。目前政府、经济和社会三大数字化转型已取得阶段性成果，交通发展也已由追求速度规模向追求质量效益转变，由传统要素驱动向创新驱动转变。以浙江省为例，2020年4月，浙江省委、省政府出台了《关于深入贯彻〈交通强国建设纲要〉，建设高水平交通强省的实施意见》，形成了高水平交通强省建设的“总纲”和“总图”，其中“迎亚运、建窗口”综合交通三年大会战、“九网万亿”基础设施建设等为数字交通奠定了新的更高的起点。2020年11月，浙江省交通运输厅印发《浙江省数字交通建设方案（2020—2025年）（试行）》，为浙江推动数字交通建设明确了顶层设计，提出搭建以“1＋3＋N”为核心的数字交通框架体系，明确了到2020年、2022年和2025年三阶段的工作目标，力争实现数字交通建设在“全国交通行业内领跑、省内政府部门间领先”。

二、建设运维保障

定制公交平台系统建设涉及较为复杂的内外部协作，应从以下几个方面保障其建设以及运维。

（1）成立工作专班，确保推进速度。根据推进的具体情况，成立系统开发专班、上线率推进专班等工作专班，明确工作任务、完成时间和责任人。领导小组每月召开一次专题会议，工作专班每周召开一次会议，落实各项工作保质、按时推进。

（2）重视数据接入，确保数据质量。一是根据数据清单，协调各软硬件系统服务商和线路数据维护单位等，做好各类数据的接入；二是评价各类设备完好情况、在线情况和数据延时情况等，分析数据质量，共同解决影响数据质量的环节和问题；三是建立数据维护机制，确保责任明确，专人负责；四是做好数据的清洗、融合、完善等处理，对数据质量进行评价。

（3）云上交付系统，确保快速上线。为满足数据治理、数据互联、数据应用等计算能力和快速响应能力保障，减轻公交企业经济负担，提高应用体验，确保系统前瞻性、安全性和可扩展性，设计云上交付模式，只要对接好数据和保障数据质量，就可以方便各业务部门使用。

（4）注重需求对接，确保以用为大。考虑到公交运营业务专业性强、流程复杂、细节繁多、实时性要求高等特点，支撑体系设计过程中，区分普遍性需求和个性化需求，区分常规事件和异常事件处置办法，区分不同层级不同角色数据和业务衔接要求，形成需求文档，并通过周例会的形式不断反馈问题、不断调整、不断迭代、不断完善，确保应用功能贴近实际应用需求。

三、信息安全保障

须保证信息的保密性、真实性、完整性、未授权拷贝和所寄生系统的安全性。网络环境下的信息安全体系是保证信息安全的关键，包括计算机安全操作系统、各种安全协议、安全机制（数字签名、消息认证、数据加密等），直至安全系统。信息安全是指信息系统（包括硬件、软件、数据、人、物理环境及其基础设施）受到保护，不受偶然的或者恶意的原因而遭到破坏、更改、泄露，系统连续可靠正常地运行，信息服务不中断，最终实现业务连续性，应包括以下几个方面：

（1）系统能根据保密级别进行授权，保证信息不暴露给未授权的实体或进程。

（2）系统应具有审计日志和访问控制功能，能对系统访问和操作，特别是敏感数据的访问和操作，进行记录，同时应保证信息不会被非授权修改。

（3）信息传输的加密。

（4）系统应有效防止内部的计算机犯罪。

（5）系统要求提供必要的冗余和备份措施。能持续系统备份、数据库备份；能实现系统和数据的快速恢复。

四、标准规范保障

通过标准化建设，做到服务有标准、管理有标准、工作有标准。围绕定制公交应建立标准规范体系，包括服务通用基础标准体系、服务保障标准体系和服务提供标准体系等，覆盖定制公交全部工作内容（图 12-7）。

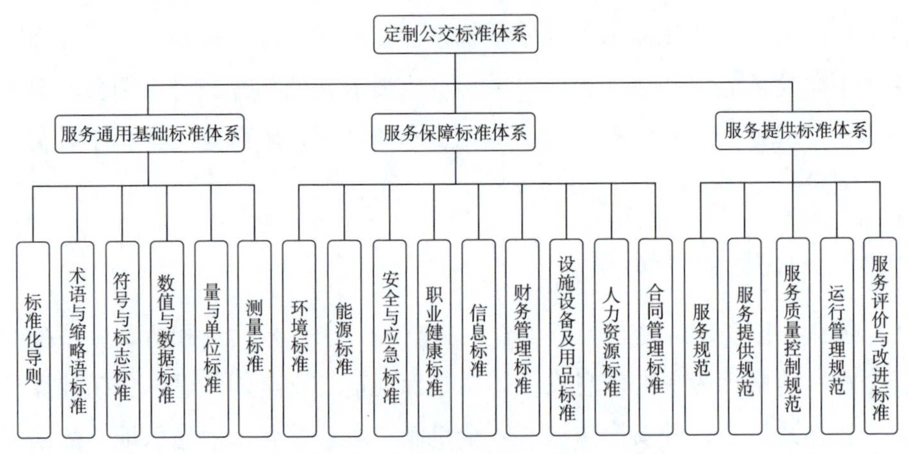

图 12-7　定制公交标准体系结构图

同时，应建立定制公交标准体系。参考业界已有的标准如杭州市地方标准《公交场站工程质量缺陷防治规范》（DB 3301/T 0341—2021），团体标准《突发重大疫情防控期间城市公交汽电车运行管理指南》（T/ZS 0111—2020）、《纯电动公交车运营管理规范》（T/ZS 0146—2020）、《城市公共汽电车客运企业运营成本测算指南》（T/ZS 0184—2021）、《公共汽电车车辆保洁规范》（T/ZS 0214—2021）、《公交安全行车预警系统技术规范》（T/ZS 0254—2021）等，建立完善的标准体系。

建立标准体系后，重点开展针对一线工作人员的标准规范培训，提升一线工作人员的工作质量和工作效率，形成一支既有标准知识、又有工作能力的标准化实施推广队伍。采取大讨论、广泛征求意见等形式，使标准制定的过程同时成为宣传贯彻、充分理解、全员培训、自觉执行的过程。同时，对标准体系的有效性、运行情况、标准化管理状况进行监督检查，对标准实施的符合性和实施效果形成评估报告。确保纳入标准体系架构内的标准得到有效实施，促使标准体系运行的系统性、有效性和持续性。对标准实施过程中形成的记录完整存档，针对检查发现的问题，及时进行查漏补缺，持续改进，不断总结提高，提升标准化水平。